Gerechter Frieden

Reihe herausgegeben von
I.-J. Werkner, Heidelberg, Deutschland
S. Jäger, Heidelberg, Deutschland

„Si vis pacem para pacem" (Wenn du den Frieden willst, bereite den Frieden vor.) – unter dieser Maxime steht das Leitbild des gerechten Friedens, das in Deutschland, aber auch in großen Teilen der ökumenischen Bewegung weltweit als friedensethischer Konsens gelten kann. Damit verbunden ist ein Perspektivenwechsel: Nicht mehr der Krieg, sondern der Frieden steht im Fokus des neuen Konzeptes. Dennoch bleibt die Frage nach der Anwendung von Waffengewalt auch für den gerechten Frieden virulent, gilt diese nach wie vor als Ultima Ratio. Das Paradigma des gerechten Friedens einschließlich der rechtserhaltenden Gewalt steht auch im Mittelpunkt der Friedensdenkschrift der Evangelischen Kirche in Deutschland (EKD) von 2007. Seitdem hat sich die politische Weltlage erheblich verändert; es stellen sich neue friedens- und sicherheitspolitische Anforderungen. Zudem fordern qualitativ neuartige Entwicklungen wie autonome Waffensysteme im Bereich der Rüstung oder auch der Cyberwar als eine neue Form der Kriegsführung die Friedensethik heraus. Damit ergibt sich die Notwendigkeit, Analysen fortzuführen, sie um neue Problemlagen zu erweitern sowie Konkretionen vorzunehmen. Im Rahmen eines dreijährigen Konsultationsprozesses, der vom Rat der EKD und der Evangelischen Friedensarbeit unterstützt und von der Evangelischen Seelsorge in der Bundeswehr gefördert wird, stellen sich vier interdisziplinär zusammengesetzte Arbeitsgruppen dieser Aufgabe. Die Reihe präsentiert die Ergebnisse dieses Prozesses. Sie behandelt Grundsatzfragen (I), Fragen zur Gewalt (II), Frieden und Recht (III) sowie politisch-ethische Herausforderungen (IV).

Weitere Bände in der Reihe http://www.springer.com/series/15668

Sarah Jäger · Horst Scheffler
(Hrsg.)

Frieden und Gerechtigkeit in der Bibel und in kirchlichen Traditionen

Politisch-ethische
Herausforderungen
Band 1

Herausgeber
Sarah Jäger
Forschungsstätte der Evangelischen
Studiengemeinschaft e.V.
Heidelberg, Deutschland

Horst Scheffler
Zornheim, Deutschland

Gerechter Frieden
ISBN 978-3-658-20887-5   ISBN 978-3-658-20888-2   (eBook)
https://doi.org/10.1007/978-3-658-20888-2

Die Deutsche Nationalbibliothek verzeichnet diese Publikation in der Deutschen Nationalbibliografie; detaillierte bibliografische Daten sind im Internet über http://dnb.d-nb.de abrufbar.

Springer VS
© Springer Fachmedien Wiesbaden GmbH, ein Teil von Springer Nature 2018
Das Werk einschließlich aller seiner Teile ist urheberrechtlich geschützt. Jede Verwertung, die nicht ausdrücklich vom Urheberrechtsgesetz zugelassen ist, bedarf der vorherigen Zustimmung des Verlags. Das gilt insbesondere für Vervielfältigungen, Bearbeitungen, Übersetzungen, Mikroverfilmungen und die Einspeicherung und Verarbeitung in elektronischen Systemen.
Die Wiedergabe von Gebrauchsnamen, Handelsnamen, Warenbezeichnungen usw. in diesem Werk berechtigt auch ohne besondere Kennzeichnung nicht zu der Annahme, dass solche Namen im Sinne der Warenzeichen- und Markenschutz-Gesetzgebung als frei zu betrachten wären und daher von jedermann benutzt werden dürften.
Der Verlag, die Autoren und die Herausgeber gehen davon aus, dass die Angaben und Informationen in diesem Werk zum Zeitpunkt der Veröffentlichung vollständig und korrekt sind. Weder der Verlag noch die Autoren oder die Herausgeber übernehmen, ausdrücklich oder implizit, Gewähr für den Inhalt des Werkes, etwaige Fehler oder Äußerungen. Der Verlag bleibt im Hinblick auf geografische Zuordnungen und Gebietsbezeichnungen in veröffentlichten Karten und Institutionsadressen neutral.

Gedruckt auf säurefreiem und chlorfrei gebleichtem Papier

Springer VS ist ein Imprint der eingetragenen Gesellschaft Springer Fachmedien Wiesbaden GmbH und ist ein Teil von Springer Nature
Die Anschrift der Gesellschaft ist: Abraham-Lincoln-Str. 46, 65189 Wiesbaden, Germany

Inhalt

Frieden und Gerechtigkeit in der Bibel und
in kirchlichen Traditionen. Eine Einführung 1
Sarah Jäger

„Gerechter Frieden" – mehr als ein weißer Schimmel?
Überlegungen zu einem Leitbegriff der neueren
theologischen Friedensethik 13
Bernd Oberdorfer

Gerechtigkeit und Frieden in der Bibel:
Eine schwierige Partnerschaft 31
Lorenzo Scornaienchi

Frieden und Gerechtigkeit. Überlegungen zu ihrem
Verweisungszusammenhang im Horizont der
christlichen Tradition 53
Roger Mielke

Zwischen Frieden und Gerechtigkeit. Dimensionen
eines Spannungsverhältnisses 77
Matthias Dembinski

Gerechter Frieden als moralischer Maximalismus 101
Thorsten Bonacker

Wie weiter mit dem gerechten Frieden?
Ein Ausblick 135
Horst Scheffler

Autorinnen und Autoren 147

Frieden und Gerechtigkeit in der Bibel und in kirchlichen Traditionen
Eine Einführung

Sarah Jäger

1 Zum Begriffszusammenhang von Frieden und Gerechtigkeit

1.1 Einleitung

„Doch ist ja seine Hilfe nahe denen, die ihn fürchten, dass in unserm Lande Ehre wohne; dass Güte und Treue einander begegnen, Gerechtigkeit und Friede sich küssen" (Ps 85,11). Dieser Kuss von Frieden und Gerechtigkeit verweist auf die enge Verknüpfung dieser beiden Begriffe in der biblischen Tradition. Der biblische Friedensbegriff, Schalom, umfasst stets auch Dimensionen der Gerechtigkeit. Gerechtigkeit stellt eine friedensethische Leitkategorie dar, greifbar etwa in Begriffen und Zusammenhängen wie „gerechter Krieg" oder „gerechter Frieden". Auf den ersten Blick erscheint der Zusammenhang von Gerechtigkeit und Frieden unmittelbar evident: „Wo die Gerechtigkeit verletzt wird, steht auch der Friede auf dem Spiel – wo umgekehrt der Friede verloren wird, herrschen rasch auch Verhältnisse tiefer Ungerechtigkeit" (Hoppe 2011, S. 63). Allerdings setzt diese Evidenz eine nähere

Klärung des qualifizierenden Verhältnisses von Frieden und Gerechtigkeit voraus.

Der evangelische Theologe Friedrich Lohmann bestimmt Gerechtigkeit in ihrer Grundbedeutung als Angemessenheit. Gerechtigkeit lässt sich nach ihm als „normative[r] Leithorizont" verstehen (Lohmann 2017, S. 152). Auch sehr unterschiedliche Bestimmungen von Gerechtigkeit finden in der Frage nach dem Angemessenen ihren gemeinsamen Nenner: „Was differiert, ist nicht der Begriff der Gerechtigkeit, sondern das Menschen- und Gesellschaftsbild, von dem aus das Gerechte als das Angemessene bestimmt wird" (Lohmann 2017, S. 153). Dabei kann sich der Begriff der Gerechtigkeit auf eine Eigenschaft sowohl von Personen im Sinne einer persönlichen sittlichen Einstellung als auch sozialer Interaktionsmuster beziehen (Anzenbacher 2006, S. 20). Weiter lässt sich Gerechtigkeit als das begreifen, was die einzelnen Parteien in einem wechselseitig geschlossenen Abkommen als Gerechtigkeit anerkennen. Ziel ist es also, eine gemeinsame Sprache und eine geteilte Sicht auf die Wirklichkeit zu finden (Allan 2007, S. 147).

1.2 Frieden und Gerechtigkeit in der Bibel

Der hebräische Terminus des Alten Testaments, den wir im Deutschen mit Gerechtigkeit wiedergeben, hat ein breites Bedeutungsspektrum und drückt in der Regel Vorstellungen über soziale Gegebenheiten aus:

> „Der Begriff Gerechtigkeit hat im Alten Orient und in der Hebräischen Bibel eine konnektive Grundbedeutung. Er bezeichnet die positive Relation des Königs zur Götterwelt und seinem Volk, des einzelnen zu den Gemeinschaften von der Familie bis zum Volk, der Tat zum Ergehen des Täters sowie die Konkordanz von Mensch und Natur" (Otto 2000, Sp. 702).

Frieden und Gerechtigkeit. Eine Einführung

Ein Mensch, über den die Schrift sagt, dass er gerecht sei, befindet sich in bestimmten Gemeinschaftsverhältnissen, deren Normen er entsprochen hat (vgl. Thiel 2003, S. 20). Zentral ist dieses Verständnis von Gerechtigkeit sowohl im Blick auf den Menschen als auch auf Gott. Wer Gemeinschaftstreue übt, erfährt die positive Wirkung an sich selbst (Tun-Ergehen-Zusammenhang) (Sprüche 21,21). Demjenigen, der entsprechend lebt, antwortet Gott mit Gemeinschaftstreue; Gerechtigkeit kann also an dieser Stelle auch mit Heil wiedergegeben werden. Im Rahmen dieser Gerechtigkeit, die umfassend auch Frieden einschließt, kommt dem König eine wichtige Rolle zu. Das gemeinschaftsgemäße Wirken des Königs wird mit einem beispielhaften sozialen Engagement verbunden (Ps 72). Wie sehr das mitmenschliche Handeln im Alltag pervertiert und zerstört war, steht im Mittelpunkt der prophetischen Kritik. Ihr negatives Urteil korrespondiert gelegentlich mit der Erwartung eines neuen, idealen Königs (Messiashoffnung): „Frieden in Einheit mit Gerechtigkeit ist in der biblischen Tradition Inhalt eschatologischer Verheißung" (Reuter 2007, S. 176). Innerhalb der alttestamentlichen Tradition stellen nicht die vereinzelten Stimmen zum Kriegsrecht die entscheidenden dar, sondern vielmehr die prophetischen Visionen eines weltweiten Friedensreiches (Mi 4,1-7), das die Friedenshoffnung der Menschheit symbolisiert. Im hebräischen Schalom greifen Frieden und Gerechtigkeit nahezu ununterscheidbar ineinander:

> „Schalom, das hebräische Wort für Frieden, ist Ausdruck für ein umfassendes, den ganzen Menschen, seinen Leib, seine Seele, die Gemeinschaft, die Gruppe, die natürliche Mitwelt, ja alle Beziehungen, in denen er lebt, umgreifendes Heilsein und Wohlergehen" (Huber und Reuter 1990, S. 35).

Für diese Wahrnehmung des Friedens steht die Erfahrung der Wirklichkeit als ganze am Anfang: „[N]icht ein unwandelbares

Sein, sondern die Befreiung aus sozialer Abhängigkeit und politischer Rechtlosigkeit steht an ihrem Anfang" (Huber und Reuter 1990, S. 35). Der Gott des Exodus, der Befreiung, ist derjenige, der zugleich auch Gerechtigkeit garantiert. Die hebräische Bibel versteht Gerechtigkeit ebenso wie Frieden nicht als ungeschichtliche Norm, sondern als Verhältnismäßigkeit einer Lebensform.

Die alttestamentlichen Aussagen wirken meist konkret und plausibel. Demgegenüber werden die Gerechtigkeitsaussagen des Neuen Testaments oft unter dem Aspekt einer – individualistisch gefassten – Rechtfertigungstheologie als der eigentlichen theologischen Fragestellung gelesen. Allerdings spielen auch in der neutestamentlichen Überlieferung politische und gesellschaftliche Dimensionen des Gerechtigkeitsbegriffs eine Rolle. Für Matthäus ist Gerechtigkeit ein summarischer Begriff für die von Jesus geforderte Lebenspraxis der Jüngerinnen und Jünger und des Volkes Israel (vgl. Balz 2003, S. 49):

> „Die sechs ‚Antithesen' der matthäischen Bergpredigt explizieren aus Jesusüberlieferungen der Logienquelle und des matthäischen Sonderguts diese Gerechtigkeit als vollkommene Erfüllung der Tora und der Propheten, welche der matthäische Jesus als wahrer Toraausleger in ihrem Totalanspruch gegenüber jeder Verkürzung oder ‚gesetzlichen' Verengung zur Geltung bringt" (Balz 2003, S. 50).

Die Gerechtigkeit der Jüngerinnen und Jünger ist eine direkte Folge des Geistes Gottes, den sie in der Taufe empfangen haben (Mt 3,13). Der Evangelist Lukas betont die soziale Verpflichtung gegenüber den Gliedern der Gemeinschaft, die durch diesen Geist verbunden sind (z. B. Apg 2,42-45). Gerechtigkeit im gesamten Neuen Testament bedeutet, am umfassenden Heilswillen Gottes zu partizipieren und sich ihm uneingeschränkt hinzugeben. So konzentrieren sich urchristliche Ermahnungen statt auf Gerechtigkeit eher auf den Terminus der geschwisterlichen Liebe, der *Agape*. Als Quelle sowohl der menschlichen Friedens- wie Liebesfähigkeit erscheint die gewährte Versöhnung des Menschen mit Gott durch dessen Menschwerdung in Jesus Christus (Eph 2,14-19). Von dem neutestamentlichen Traditionsbestand lässt sich als Impuls festhalten, Gerechtigkeit nicht als eine vorgegebene Ordnung, sondern als vollkommene Tugend im Sinne eines Habitus zu begreifen (Balz 2003, S. 58). Dieser Gedanke findet sich in ähnlicher Weise etwa auch in der Nikomachischen Ethik des Aristoteles. Zudem ermutigt gerade der paulinische Briefkorpus Christinnen und Christen dazu, eigene Urteile darüber zu treffen, was das Gute und Angemessene in der jeweiligen Situation ist (1Thess 5,21). Entscheidend ist dabei, dass Gerechtigkeit nicht nur eine Sache des Einzelnen ist, sondern in Gemeinschaft gelebt wird (Balz 2003, S. 60).

1.3 Frieden und Gerechtigkeit in den kirchlichen Traditionen

„Das Werk der Gerechtigkeit wird Friede sein", so formuliert es das Jesajabuch. Dieser Satz markiert nach Frank Crüsemann eine eindeutige und nicht umkehrbare Reihenfolge, die in Übereinstimmung mit der biblischen Tradition steht: „Frieden entsteht aus Recht, Recht und Gerechtigkeit sind dem Frieden vor- und übergeordnet" (Crüsemann 2003, S. 130). Die Verbindung von Frieden und Gerechtigkeit im Alten Testament ist – wie gezeigt – immer auf die Zukunft bezogen und steht noch aus. Dieser Gedanke wurde im Neuen Testament aufgenommen und als Erfüllung der alttestamentlichen Verheißungen in Jesus Christus gedeutet. Gerade die nachfolgende Rezeption dieses Erfüllungsgedankens beispielsweise bei Tertullian gestaltete sich durchaus nicht unproblematisch, bedeutete sie doch auch ein Stück weit eine christliche Vereinnahmung der alttestamentlichen Überlieferung.

Vor der konstantinischen Wende ergab sich aus dieser Übernahme ein radikaler Pazifismus. Nachdem das Römische Reich christlich geworden war, nahm die römische Reichsideologie Bilder aus Jesaja 2 oder Micha 4 auf. Gegen alle Wahrnehmung der Realität wurde so durchaus auch die Auffassung vertreten, dass der christliche Staat Gottes Friedensreich sei (vgl. Crüsemann 2013, S. 137). Friedensethische Bestimmungen bis in die Gegenwart hängen also an der Frage der Verhältnisbestimmung von „schon" und „noch nicht". Zentrale Probleme, die sich im Umgang mit der biblischen Überlieferung zum Thema Gerechtigkeit und Frieden ergeben, lassen sich an der Bergpredigt (Mt 5-7) aufzeigen. Die Frage nach der politischen Relevanz der Bergpredigt führt zu einer Fülle von Antworten und Kontroversen, die sich im Wesentlichen zwei Gruppen zuordnen lassen. Zum einen sei die Bergpredigt keine politische Handlungsanweisung:

> „Politik mit der Bergpredigt entspringe einer Gesinnungsethik, welche die Handlungsfolgen ignoriert, schließlich sei die Bergpredigt ja schon damals – so behauptet man weiter – nur zu einem kleinen Kreis radikaler Nachfolger Jesu gesprochen worden" (Huber und Reuter 1990, S. 210).

Zum anderen würden manche den christlichen Glauben gerade in der radikalen Jesusnachfolge sehen, wie sie sich im Gefolge der Bergpredigt ergibt. Diese Form der Nachfolge könne auch politisch verstanden werden und bedeute ein entschiedenes Eintreten für (soziale) Gerechtigkeit.

Für die heutige Friedensethik ist der Terminus des gerechten Friedens zentral. Die EKD-Denkschrift bestimmt diesen Zusammenhang wie folgt:

> „Für die christliche Ethik stehen Friede und Gerechtigkeit in unauflöslichem Zusammenhang. Spätestens seit der Ökumenischen

Versammlung der Kirchen, die 1988 in der DDR stattfand, gilt der ‚gerechte Friede' als Leitperspektive einer christlichen Friedensethik" (EKD 2007, Ziff. 73).

In diesem Kontext wird Frieden als „ein gesellschaftlicher Prozess abnehmender Gewalt und zunehmender Gerechtigkeit" (EKD 2007, Ziff. 80) verstanden. Er schließt vier Dimensionen ein: Schutz vor Gewalt, Förderung der Freiheit, Abbau von Not und Anerkennung kultureller Vielfalt (EKD 2007, Ziff. 81-84).

„Mit dieser Akzentsetzung verweist die Rede vom gerechten Frieden in Übereinstimmung mit den traditionellen Festlegungen theologischer Friedensethik auf einen erweiterten ‚qualifizierten' Friedensbegriff, der über das Moment der blossen Beendigung von Konflikten hinausreicht" (Strub 2010, S. 35).

Für Hans-Richard Reuter (2007, S. 175) ist diese „unauflösliche Interdependenz von Frieden und Gerechtigkeit" geradezu evident. Diese Rede vom gerechten Frieden geht stets über den Frieden zwischen Staaten und Gesellschaften hinaus. Der Terminus des gerechten Friedens bezieht sich vor allem auch auf die „innergesellschaftlichen Bedingungen der Herausbildung eines Friedens in Gerechtigkeit" (Strub 2010, S. 35). Dies zeigt sich etwa in der gewichtigen Rolle, die der Geltung und Garantie der Menschenrechte zugewiesen werden.

Das Thema des gerechten Friedens steht auch im Mittelpunkt des ökumenischen Aufrufs von 2011. Ähnlich wie die EKD-Denkschrift entwickelt dieser den gerechten Frieden in vier Dimensionen, die zwar anders gelagert sind, aber durchaus Überschneidungen mit der Konzeption der EKD-Denkschrift aufweisen. Der Aufruf spricht vom Frieden in der Gemeinschaft, Frieden mit der Erde, Frieden in der Wirtschaft und Frieden zwischen den Völkern (ÖRK 2011).

Jean-Daniel Strub entfaltet drei Deutungsmöglichkeiten der Interdependenzthese von Frieden und Gerechtigkeit, die jeweils Auswirkungen auf das Verständnis und die Füllung des Begriffes des gerechten Friedens haben (Strub 2010, S. 44f.): Die Interdependenzthese kann zum ersten so gedeutet werden, dass die Verwirklichung von Gerechtigkeit eine Implikation des Friedens darstellt, dass sie als Teil seines „sachlichen und normativen Gehalt[s]" (Bonacker und Imbusch 2005, S. 128) zu verstehen ist. Gerechtigkeit und Frieden sind nach diesem Verständnis reziprok aufeinander bezogen. Es handelt sich also um eine begrifflich-inhaltliche These, die mit der wechselseitigen Angewiesenheit von Frieden und Gerechtigkeit rechnet. Ohne die Verwirklichung von Gerechtigkeit kann nicht von Frieden gesprochen werden, jede Annahme von Frieden schließt zugleich die Umsetzung von Gerechtigkeit ein. Zum zweiten lässt sich der Begriff so verstehen, dass Gerechtigkeit nicht schon begrifflich zum Frieden hinzugehört, „sondern im Sinne einer Bedingung der Legitimität einer bestimmten Friedensordnung verstanden wird" (Strub 2010, S. 45). Der Begriff des gerechten Friedens beschreibt so eine bestimmte Ausgestaltung der Friedensordnung, die Gerechtigkeit aufnimmt. Die These wäre dann genuin normativer Natur. Ein drittes Verständnis rechnet mit einer Zweck-Mittel-Relation von Gerechtigkeit und Frieden. Die Interdependenzthese wird dann instrumentell gedeutet. Gerechtigkeit wird als Bedingung der Möglichkeit eines Friedens, der sich als gerecht beschreiben lässt, und zugleich als Garant für dessen Beständigkeit verstanden. In der zweiten und dritten Deutung der Interdependenzthese begegnet Gerechtigkeit als eine Sammlung von „Konstitutionsfaktoren", die „Frieden in einem qualitativ gehaltvollen Sinne […] erst möglich machen" (Huber 2005, S. 120).

Die bisherigen Ausführungen verdeutlichen, wie vielfältig der Terminus des gerechten Friedens verstanden werden kann, sei es

Frieden und Gerechtigkeit. Eine Einführung

als politisch-ethisches Leitbild, als Idealvorstellung beziehungsweise Vision oder als instrumentelle Verhältnisbestimmung von Frieden und Gerechtigkeit. Eine andere Schwerpunktsetzung nimmt der Politikwissenschaftler Pierre Allan (2007, S. 148) vor, wenn er das Konzept des gerechten Friedens als einen Prozess zweier Parteien zum Erreichen von Frieden und Gerechtigkeit beschreibt, der auf einem Kompromiss beruht. Hier einigen sich beide Parteien, gemeinsam festgelegte Regeln zu befolgen. Aus jeder dieser Schwerpunktsetzungen ergeben sich vielfältige Folgen und Konsequenzen für das Konzept des gerechten Friedens.

2 Zu diesem Band

Das Zusammendenken von Frieden und Gerechtigkeit hat seine Wurzeln in der alttestamentlichen Tradition und zieht sich als roter Faden durch die kirchliche Tradition, besonders deutlich im Konzept des gerechten Friedens. Dabei geraten sie jedoch immer wieder in Spannung zueinander, drohen einander zu widersprechen oder sich wechselseitig in ihrer Durchsetzbarkeit zu verhindern. Solche Verknüpfungen und Implikationen gilt es zu vertiefen und weiterzuentwickeln – dieser Aufgabe widmet sich der vorliegende Band.

Am Anfang steht eine grundsätzliche Auseinandersetzung mit dem Zusammenhang von Frieden und Gerechtigkeit und dem Mehrwert des Begriffs gerechter Frieden. Bernd Oberdorfer macht vor allem stark, dass das Konzept des gerechten Friedens als Gegenentwurf zur Lehre des gerechten Kriegs entstanden sei und auf dessen Kriterien auch im Rahmen des gerechten Friedens nicht verzichtet werden könne.

Der zweite Beitrag von Lorenzo Scornaienchi untersucht die verschiedenen Traditionen des Zusammenhangs von Frieden und

Gerechtigkeit im Alten und Neuen Testament. Hier unterscheidet er zwischen einer prophetisch-messianischen Lesart, die vor allem bei den alttestamentlichen Propheten zu finden sei, und einer stark individuumszentrierten Position aus der Weisheitsliteratur. Diese Konzepte seien dann im Neuen Testament in unterschiedlicher Weise aufgenommen worden.

Mit dem Verhältnis von Frieden und Gerechtigkeit in der christlichen Tradition setzt sich der dritte Beitrag auseinander. Roger Mielke nimmt seinen Ausgangspunkt bei der EKD-Friedensdenkschrift und fragt nach dem Bezug des gerechten Friedens auf religiöse Traditionen des Christentums und die dem zugrunde liegende Traditionshermeneutik.

Auch der folgende Beitrag von Matthias Dembinski setzt bei der EKD-Friedensdenkschrift ein und untersucht ihren Verweisungszusammenhang von Frieden und Gerechtigkeit aus politikwissenschaftlicher Perspektive. Hier analysiert er vor allem den Gerechtigkeitsbegriff in der politischen Theorie und der empirischen Forschung und fragt nach seiner Relevanz für die Friedensforschung.

Im fünften Beitrag analysiert Thorsten Bonacker den gerechten Frieden als moralischen Maximalismus, um so das Spannungsverhältnis zwischen Frieden und Gerechtigkeit besser verstehen zu können. Weiter arbeitet der Autor mit einer akteurszentrierten Betrachtung von Gerechtigkeit als normative Rechtfertigungspraxis, in der Akteurinnen und Akteure immer schon die Spannungen zwischen Frieden und Gerechtigkeit bearbeiten.

Der abschließende Beitrag des Bandes von Horst Scheffler nimmt zentrale Argumentationsmuster auf und bündelt diese. Die Konzeption des gerechten Friedens wird auf ihre Reichweite, ihren Standort und ihre Verortungsebene hin befragt. Ein weiterer Fokus liegt hier auf der Evangelischen Friedensarbeit.

Literatur

Allan, Pierre. 2007. Der gerechte Friede in vergleichender Perspektive. In *Der gerechte Friede zwischen Pazifismus und gerechtem Krieg. Paradigmen der Friedensethik im Diskurs*, hrsg. von Jean-Daniel Strub und Stefan Grotefeld, 145-168. Stuttgart: Kohlhammer.

Anzenbacher, Arno. 2006. Kooperation, Konflikt und Anerkennung. Zur Systematik des Gerechtigkeitsbegriffs. In *Gerechtigkeit – Illusion oder Herausforderung? Felder und Aufgaben für die interdisziplinäre Diskussion*, hrsg. von Christofer Frey und Jürgen Hädrich, 20-34. Berlin: LIT.

Balz, Horst. 2003. Die Gerechtigkeit der Gerechtfertigten. Eine neutestamentliche Skizze. In *Kriterien der Gerechtigkeit. Begründungen – Anwendungen – Vermittlungen. Festschrift für Christofer Frey zum 65. Geburtstag*, hrsg. von Peter Dabrock und Traugott Jähnichen, 45-61. Gütersloh: Gütersloher Verlagshaus.

Bonacker, Thorsten und Peter Imbusch. 2005. Zentrale Begriffe der Friedens- und Konfliktforschung: Konflikt, Gewalt, Krieg, Frieden. In *Friedens- und Konfliktforschung*, hrsg. von Peter Imbusch und Ralf Zoll, 69-144. 3. Aufl. Wiesbaden: VS Verlag für Sozialwissenschaften.

Crüsemann, Frank. 2003. *Maßstab: Tora. Israels Weisung für christliche Ethik*. Gütersloh: Gütersloher Verlagshaus.

EKD. 2007. *Aus Gottes Frieden leben – für gerechten Frieden sorgen. Eine Denkschrift des Rates der Evangelischen Kirche in Deutschland*. Gütersloh: Gütersloher Verlagshaus.

Hoppe, Thomas. 2011. Der gerechte Frieden – Ein Paradigmenwechsel in der christlichen Friedensethik? In *Der ambivalente Frieden. Die Friedensforschung vor neuen Herausforderungen*, hrsg. von Ines-Jacqueline Werkner und Ulrike Kronfeld-Goharani, 57-72. Wiesbaden: Springer VS.

Huber, Wolfgang. 2005. Rückkehr zur Lehre vom gerechten Krieg? Aktuelle Entwicklungen in der evangelischen Friedensethik. *Zeitschrift für Evangelische Ethik* 49 (2): 113-130.

Huber, Wolfgang und Hans-Richard Reuter. 1990. *Friedensethik*. Stuttgart: Kohlhammer.

Lohmann, Friedrich. 2017. Die friedensethische Bedeutung der Kategorie Gerechtigkeit. In *Handbuch Friedensethik*, hrsg. von Ines-Jacqueline Werkner und Klaus Ebeling, 151-161. Wiesbaden: Springer VS.

Ökumenischer Rat der Kirchen (ÖRK), Zentralausschuss. 2011. *Ein ökumenischer Aufruf zum gerechten Frieden*. Genf: ÖRK.
Otto, Eckart. 2000. Art. Gerechtigkeit I. Biblisch. In *Religion in Geschichte und Gegenwart. Handwörterbuch für Theologie und Religionswissenschaft*. Bd. 3, hrsg. von Hans Dieter Betz, Don S. Browning, Bernd Janowski und Eberhard Jüngel. Sp. 702-704. 4. Aufl. Tübingen: Mohr Siebeck.
Reuter, Hans-Richard. 2007. Was ist ein gerechter Frieden? Die Sicht der christlichen Ethik. In *Der gerechte Friede zwischen Pazifismus und gerechtem Krieg. Paradigmen der Friedensethik im Diskurs*, hrsg. von Jean-Daniel Strub und Stefan Grotefeld, 175-190. Stuttgart: Kohlhammer.
Strub, Jean-Daniel. 2010. *Der gerechte Friede. Spannungsfelder eines friedensethischen Leitbegriffs*. Stuttgart: Kohlhammer.
Thiel, Winfried. 2003. Gerechtigkeit als Gemeinschaftsgemäßheit. Alttestamentliche Perspektiven. In *Kriterien der Gerechtigkeit. Begründungen – Anwendungen – Vermittlungen. Festschrift für Christofer Frey zum 65. Geburtstag*, hrsg. von Peter Dabrock und Traugott Jähnichen, 19-29. Gütersloh: Gütersloher Verlagshaus.

„Gerechter Frieden" – mehr als ein weißer Schimmel?
Überlegungen zu einem Leitbegriff der neueren theologischen Friedensethik

Bernd Oberdorfer

1 Einleitung

In der neueren theologisch-friedensethischen Diskussion gilt es weithin als ausgemacht, dass die klassische Lehre vom gerechten Krieg obsolet geworden sei und durch eine Lehre vom gerechten Frieden *ersetzt* werden müsse.[1] Der Ausdruck gerechter Frieden wird dabei als inhaltlich gefüllter, operationalisierbarer, das heißt handlungsleitender ethischer Begriff verstanden; zugleich wird häufig ein Bezug hergestellt zum biblischen Verständnis von Frieden als Schalom und damit eine explizit theologische Dimension geltend gemacht. Das Verhältnis der theologischen Hintergrundannahme zur ethischen Prägnanz des Begriffs ist freilich klärungsbedürftig. Hat das biblische Friedensverständnis heuristische, inspirierende

---

1 Dies gilt zumindest für den deutschen Protestantismus. In der angloamerikanischen Friedensethik werden hingegen auch auf protestantischer Seite neue Formen einer Just-War-Theorie diskutiert. Auch in der römisch-katholischen Kirche findet der Begriff des gerechten Friedens prominente Verwendung – aber, wenn ich recht sehe, nicht in dieser Frontstellung gegen den gerechten Krieg.

Bedeutung für die konkrete Entfaltung des ethischen Konzepts des gerechten Friedens? Wird dann das ethische Konzept aber nicht in problematischer Weise religiös aufgeladen? Oder kann der religiöse Begriff in einen ethischen transformiert werden (vgl. Tietz 2012)? Oder dient der Rekurs auf die Bibel nicht ohnehin primär der innerkirchlichen Plausibilisierung eines Konzepts, das als solches für sich selbst steht, auch für anders- oder nichtreligiöse Plausibilisierungen offen ist, aber in seiner Geltung von keiner von ihnen abhängt?[2]

Mein Beitrag nähert sich diesem Fragenkomplex in mehreren Schritten. Zunächst offenbart der Vergleich mit dem biblischen Friedensverständnis eine Mehrdeutigkeit des Ausdrucks gerechter Frieden und nötigt zur begriffslogischen Näherbestimmung der Bedeutung des Attributs „gerecht" für den semantischen Gehalt von Frieden: Entfaltet das Adjektiv nur „analytisch", was ohnehin im Begriff schon enthalten ist, oder fügt es ihm „synthetisch" eine Sinndimension hinzu, die sich nicht von selbst versteht? Der zweite Teil thematisiert das Verhältnis von gerechtem Frieden und gerechtem Krieg, untersucht die historischen und sachlichen Gründe für die Problematisierung des „gerechten Kriegs" und fragt, ob im Rahmen einer Theorie des „gerechten Friedens" das Konzept des „gerechten Krieges" tatsächlich obsolet geworden ist. Auf der Grundlage dieser Überlegungen kann abschließend knapp die orientierende Funktion biblischer Friedenskonzepte für eine theologische Friedensethik präziser benannt werden.

---

2   Vergleichbar wäre damit der Menschenrechts-Diskurs. Der biblische Begriff der Gottebenbildlichkeit half den Kirchen, den lange als Inbegriff prometheischer Selbstermächtigung und egoistisch-gemeinschaftsvergessener Selbstabschließung verworfenen Gedanken individueller Menschenrechte im internen Diskurs zu rekonstruieren und positiv anzueignen.

2 Warum „gerecht"? Friedensethische Begriffsklärungen im Horizont des biblischen Friedensverständnisses

In der Diskussion um den „gerechten Frieden" wird gelegentlich nach dem Mehrwert des Begriffs gegenüber dem biblischen Friedensbegriff gefragt, wenn dieser doch bereits ein weites Verständnis des Ausdrucks „Frieden" beinhalte. Sofort fällt auf, dass bei dieser Fragerichtung der biblische Friedensbegriff und der „gerechte Frieden" auf derselben Ebene verortet sind; das biblische Konzept wird als ethisches verstanden. Gedacht ist wohl durchgehend an das alttestamentliche Schalom-Konzept; das neutestamentliche Friedensverständnis wird friedensethisch kaum je in Anschlag gebracht, vermutlich weil es stärker auf das individuelle Gottesverhältnis fokussiert und daher sozialethisch weniger anschlussfähig ist.

Die Fragestellung ist aber auch in sich *intrikat*: Sie unterstellt, dass es einen Mehrwert der Verwendung des Begriffs „gerechter Frieden" gegenüber dem biblischen Friedensbegriff gibt. Sie problematisiert das aber zugleich, weil in der Bibel der Ausdruck Frieden bereits so weit gefasst sei, dass das Adjektiv „gerecht" diesem möglicherweise nichts mehr substanziell hinzufügt. „Gerechter Frieden" wäre dann so etwas wie ein „weißer Schimmel", „gerecht" würde nur im Kantischen Sinn „analytisch" explizieren, was im Begriff „Frieden" ohnehin enthalten ist. Ein Frieden, der nicht gerecht ist, der also nicht Gerechtigkeit einschließt, wäre ein Widerspruch in sich selbst, wäre kein Frieden, jedenfalls nicht im biblischen Sinn. Es würde daher völlig genügen, vom Frieden zu sprechen. Anhalt findet das an jenen biblisch-prophetischen Traditionen, in denen die Rede vom Frieden als Ideologie entlarvt wird, wenn gleichzeitig den Armen das Recht verweigert ist (explizit bei Jeremia [besonders Jer 6,13f.], der Sache nach schon bei Amos

[Am 5, 21-24; 8, 4-10]); hier ist der Friedens-Begriff im Übrigen eindeutig (sozial-)ethisch verwendet.

Nun könnte „gerecht" natürlich auch eine im Kantischen Sinn „synthetische" Näherbestimmung des Friedensbegriffs intendieren. Gerechtigkeit wäre dann kein notwendiges Implikat des Friedens, sondern die Kennzeichnung einer spezifischen Gestalt des Friedens. Nicht jeder Frieden ist gerecht. Durch die Verbindung mit der Unterscheidung „eigentlich – uneigentlich" kann die synthetische Verwendung der analytischen wieder angenähert werden: Nur der gerechte Frieden ist der „eigentliche"; Friedensformen ohne Gerechtigkeit sind „uneigentliche" Friedensformen. Man muss dies aber nicht tun. Dann kann man daran festhalten, dass auch das Ruhen der Waffen, eine vor akuter Gewalt gesicherte Lebensführung, eine in wesentlichen infrastrukturellen Bereichen „funktionierende" Gesellschaft als „Frieden" bezeichnet werden können, selbst wenn man nicht im umfassenden Sinn „Gerechtigkeit" attestieren kann. Frieden wäre dann ein Synonym für Ordnung, nicht notwendig für Wohlordnung. In diesem Sinn forderte Martin Luther Gehorsam auch gegen eine „schlechte Obrigkeit", denn eine unzureichende Ordnung sei immerhin noch besser als Chaos. Gerechter Frieden wäre dann eine Steigerungsform, möglicherweise die Vollendungsgestalt des Friedens. Der Begriff hätte dann die Funktion einer Orientierungsgröße für die Ausgestaltung und Weiterentwicklung des Friedens. In dieser Hinsicht wäre der Ausdruck gerechter Frieden dem eschatologischen Friedenskonzept in der Bibel vergleichbar, das in der Form einer visionären Verheißung eine umfassende Wohlordnung, die auch die Tierwelt einschließt, verkündet. Ein „Mehrwert" gegenüber diesem eschatologischen Friedenskonzept könnte dem Ausdruck „gerechter Frieden" dann insofern zukommen, als er die Dimension des Operationalisierbaren miterfasst.

Beide Varianten haben Stärken und Schwächen: Der „analytische" Gebrauch kann plausibel machen, dass Frieden mehr ist als die Abwesenheit von Krieg. Er kann helfen, einen umfassenden Friedensbegriff zu entwickeln, der die ökonomische, kulturelle oder juridische Dimension einschließt. Wo ökonomische Ungleichheit herrscht, Bevölkerungsgruppen diskriminiert werden oder von der kulturellen Teilhabe ausgeschlossen sind, die Gleichheit vor dem Gesetz nicht gewährleistet ist, da herrscht kein Frieden. Genau dadurch kann ein solcher umfassender Friedensbegriff aber auch zum Unzufriedenheitsgenerator werden. Wenn nur ein im vollen Sinn gerechter Frieden wirklich Frieden ist, dann herrscht letztlich nirgends wirklich Frieden. Dann ist immer irgendetwas noch optimierbar. Dann wird Frieden zur regulativen Idee, die innergeschichtlich nirgends voll zu verwirklichen ist. Theologisch gesprochen: Die Verheißung wird zur Norm, das Evangelium zum Gesetz, an dem wir – gut lutherisch – nur scheitern können. Und die, die das Gesetz aufstellen (oder „anwaltlich vertreten"), haben immer Recht, wenn sie konstatieren, dass es nicht vollständig erfüllt ist. Es wäre in dieser Hinsicht interessant, einmal zu untersuchen, inwieweit die Verwendung des Ausdrucks gerechter Frieden als friedensethisches Leitbild nicht dieser Überbietungslogik folgt. Und es wäre zu fragen, ob dabei nicht das alttestamentliche Schalom-Konzept einer umfassenden Wohlordnung, die sogar nicht-menschliche Gewaltverhältnisse überwindet und die Natur für den Menschen zu einem im strengen Sinn harmlosen Lebensraum macht, in einer nicht unproblematischen Weise ent-eschatologisiert, von einem Verheißungsziel in eine Handlungsnorm transformiert wird. Wohlgemerkt: Bestritten ist damit nicht die mögliche ethische Orientierungskraft eschatologischer Visionen, sondern deren unmittelbare Umsetzung in Handlungsnormen und die damit verbundene Entwertung relativer Verbesserungen im Weltzustand, die dann eben nur als letztlich unwesentliche Veränderungen innerhalb eines Unfriedens erscheinen.[3]

Der „synthetische" Gebrauch hingegen ermöglicht es, Gerechtigkeit sozusagen als Steigerungsform des Friedens zu fassen und damit auch eingeschränkte Formen des Friedens als (wenn auch relative) Realisierungsgestalten von Frieden würdigen zu können. Man kann dann immer noch daran festhalten, dass Sicherheit und Ordnung nicht die Vollgestalt des Friedens darstellen, sondern durch Gerechtigkeit erweitert, vertieft und letztlich auch stabilisiert werden müssen. Aber man muss die Herstellung halbwegs gesicherter Lebensverhältnisse ohne umfassende Verwirklichung von Gerechtigkeit dann nicht als Form der Friedlosigkeit beziehungsweise des Unfriedens denunzieren. Umgekehrt droht damit freilich die Gerechtigkeit als gegebenenfalls auch entbehrliche Zugabe vom basalen Friedenskonzept abgekoppelt zu werden. Wenn Frieden ohne Gerechtigkeit als Frieden möglich ist, dann kann die Würdigung weltlich geordneter Verhältnisse den Impuls zu weitergehender Veränderung schwächen. „Ein bisschen Frieden" genügt dann. Interessanterweise führt also ein Missverständnis sowohl der „analytischen" als auch der „synthetischen" Verwendung des Ausdrucks gerechter Frieden zu einer Entwertung relativer Veränderungen des Weltzustands: Aus entgegengesetzten Gründen erscheinen diese als irrelevant.

---

3 Zur Verdeutlichung ein Beispiel: Auf der Vollversammlung des Lutherischen Weltbunds in Windhoek im Mai 2017 erklärte auf einem Podium eine US-amerikanische Theologin sinngemäß, dass die Tatsache, dass heute „ein paar Millionen Leute mehr ein bisschen weniger hungern als vor dreißig Jahren", nichts an der grundsätzlich ungerechten derzeitigen Weltordnung ändere. Im Licht des Absoluten sind Unterschiede im Relativen irrelevant. Die „paar Millionen Leute" dürften das anders sehen.

Klar ist allerdings, dass die synthetische Näherbestimmung des Friedens als gerecht genau eine solche Entwertung verhindern soll. Sie soll zudem die Einsicht sichern, dass Frieden nur dann nachhaltig, das heißt längerfristig stabil und tragfähig ist, wenn er mit der Herstellung von gerechten inner- und zwischenstaatlichen Verhältnissen verbunden ist. Mit anderen Worten: Die Abwesenheit von Krieg ist zwar schon Frieden. Aber die Abwesenheit gewaltsamer Auseinandersetzungen muss dazu genutzt werden, inner- und zwischenstaatliche Zustände zu erzeugen, die geeignet sind, zukünftige Konflikte zu verhindern, also verlässliche Lebensbedingungen nach innen und nach außen erzeugen und damit die Anlässe zu gewaltsamem Konfliktaustrag minimieren. Das Leitbild vom gerechten Frieden soll die Friedensethik daher auch von einer militär- oder kriegstheoretischen Engführung befreien: Die Herstellung eines gerechten Friedens dient der Kriegsprävention. Die Überschreibung der alten Formel *si vis pacem para bellum* (wenn du den Frieden willst, rüste dich für den Krieg) mit *si vis pacem para pacem* (wenn du den Frieden willst, rüste dich für den Frieden) macht dies plakativ deutlich. Dieser grundsätzliche Paradigmenwechsel ist wohl gemeint, wenn gefordert wird, die Lehre vom gerechten Krieg durch die vom gerechten Frieden zu ersetzen.

3 „Gerechter Frieden" statt „Gerechter Krieg"?

Historisch-genetisch ist der Ausdruck gerechter Frieden nicht als „analytische" Näherbestimmung oder als „synthetische" Steigerungsform des Friedens-Begriffs entstanden, sondern als Gegenbegriff zum gerechten Krieg. Genau betrachtet, ist die Gegenüberstellung allerdings eher eine rhetorisch-polemische. Denn gerechter Krieg und gerechter Frieden sind semantisch und funktional auf unterschiedlichen Ebenen angesiedelt. Während gerechter Frieden einen Leithorizont politisch-gesellschaftlichen Handelns benennt, ist gerechter Krieg eben kein anzustrebendes Handlungsziel, sondern markiert Bedingungen, unter denen ein als solches nicht bejahtes und angestrebtes Handeln ethisch verantwortet werden kann. Der Begriff gerecht ist dabei sogar äquivok gebraucht: Beim gerechten Krieg steht er für „legitim, gerechtfertigt, ethisch begründet beziehungsweise begründbar", beim gerechten Frieden für „gerechte Zustände umfassend". Logisch schließen sich gerechter Krieg und gerechter Frieden auch gar nicht aus: Gerecht kann ein Krieg nach der klassischen Lehre ja nur dann sein, wenn er der (Wieder-) Herstellung der Ordnung dient und wenn die eingesetzten Mittel dieses Ziel nicht konterkarieren. Allerdings ist ziemlich unumstritten, dass Krieg kein probates Mittel zur Verwirklichung eines gerechten Friedens im emphatischen Sinn einer umfassenden Wohlordnung sein kann. Wenn überhaupt, dann kann er sich als erforderliches Mittel zur Wiederherstellung stabiler Lebensverhältnisse als Voraussetzung eines gerechten Friedens erweisen.

In diesem Sinn haben auch die Reformatoren die Lehre vom gerechten Krieg bejaht. Art. 16 der Confessio Augustana schließt ausdrücklich *iure bellare* (deutsch: „Rechte kriege füren") unter die Aufgaben staatlicher Obrigkeit ein, an denen sich der Christenmensch beteiligen dürfe und gegebenenfalls auch müsse (BSELK, S. 111, deutsch S. 110). Die Obrigkeit hat im Sinne der „Zwei-Reiche-Lehre" die ihr von Gott eingestiftete Aufgabe, die für ein gedeihliches irdisches Leben notwendige äußere Ordnung zu gewährleisten, zu verteidigen und im Fall ihrer Gefährdung unter Umständen auch mit Gewaltmitteln wiederherzustellen. Dies ist der Hintergrund für Martin Luthers in der Wortwahl auch heute noch bestürzenden Äußerungen im und nach dem Bauernkrieg, als er die Obrigkeit aufforderte, mit aller Härte gegen die aufständischen Bauern vorzugehen. Besonders drastisch formulierte er in der 1526 erschienenen Schrift „Ob Kriegsleute auch im seligen Stand sein können" (Luther 1983c [1526], S. 82): „so sei ein jeglicher frisch und unverzagt und lasse es sich nicht anders dünken, als seine Faust sei Gottes Faust, sein Spieß sei Gottes Spieß". Luther hielt viele der Klagen der Bauern durchaus für berechtigt und ermahnte zunächst beide Seiten zum Frieden (vgl. Luther 1983b [1525]); aber er lehnte vehement ihr eigenmächtiges und gewaltsames Vorgehen ab, da sie damit zur Durchsetzung ihrer Ziele die öffentliche Ordnung aufs Spiel setzten und die Gesellschaft ins Chaos stürzten. Die drastische Wortwahl sollte die Obrigkeit an ihre Verantwortung für die Bekämpfung des Chaos erinnern und ihr ein gutes Gewissen machen beim Einsatz von Gewalt, sofern diese zur Wiederherstellung der Ordnung nötig würde.[4] Die äußere Ordnung betrachtete Luther als ein so hohes Gut, dass er für ihre Gewährleistung auch schärfste Zwangsmaßnahmen für angemessen hielt. Umgekehrt legte er strengste Maßstäbe für den Widerstand gegen die Staatsgewalt an. Lieber war er bereit, eine ungerechte Obrigkeit als von Gott gewirkte Strafe für die Sünden zu deuten, die dann demütig zu tragen sei, als zivilen Ungehorsam zu legitimieren (von gewaltsamem Aufstand ganz zu schweigen). Als einzige Ausnahme von der Gehorsamspflicht akzeptierte er die Unterdrückung des Evangeliums, wenn die Obrigkeit etwa die Verbreitung der Bibelübersetzung verbietet; doch selbst hier lehnte er aktive Auflehnung ab und optierte für passiven Widerstand, der für ihn verbunden ist mit der Bereitschaft zum Martyrium.

Luthers Aussagen im Bauernkrieg haben dem Luthertum nachhaltig den Ruf der gewaltbereiten Obrigkeitsverherrlichung eingetragen. Weniger bekannt ist indes, dass Luther keineswegs

---

4 Dass das auch im 16. Jahrhundert anstößig war, geht daraus hervor, dass Luther sich zu einer ausführlichen Rechtfertigung seiner Aussagen genötigt sah (vgl. Luther 1983a [1525]).

ein Kriegstreiber war. Dies wird sehr schön klar, wenn er in seiner Predigtreihe zur Bergpredigt die Seligpreisung der „Friedfertigen" auslegt (vgl. Luther 1963 [1532] und Oberdorfer 2015b). Ausdrücklich leitet er aus dem ursprünglichen Wortlaut („Friedensmacher") die Aufgabe eines aktiven Einsatzes für den Frieden ab; es geht ihm hier also nicht um das stille Dulden. Noch wichtiger ist freilich, dass er die politisch Verantwortlichen nachdrücklich an ihre Friedenspflicht erinnert und sie auffordert, im Konfliktfall bis zum Äußersten alle nichtkriegerischen Mittel auszureizen. Nur wenn dies scheitert, ist ein (Verteidigungs-) Krieg erlaubt. Herrscher, die aus nichtigen Gründen („umb eines worts willen") leichtfertig einen Krieg anzetteln, handeln nach Luther nicht als „Christen", sondern sollten besser „des Teuffels kinder heissen" (Luther 1963 [1532], S. 330f.). Mit der Bergpredigt schärft Luther also ein zentrales Element der Lehre vom gerechten Krieg ein, die Überzeugung, dass Krieg kein reguläres Mittel des Konfliktaustrags sein darf, sondern nur als ultima ratio in Betracht kommt.

Was hat die Lehre vom „gerechten Krieg" dann so in Misskredit gebracht? Zunächst ist zu vermerken, dass eine gewisse Spannung herrscht zwischen dem – cum grano salis: fatalistischen – Gedanken, dass Krieg als Strafe Gottes für die Sünden zu erdulden sei, und der strengen Kriteriologie der Lehre vom gerechten Krieg. Ich sage das deshalb, weil im Protestantismus der Gedanke vom Krieg als unvermeidlichem Verhängnis in unterschiedlichen Facetten immer wieder vertreten worden ist. Noch im 20. Jahrhundert konnte das in der – sozusagen halbsäkularisierten – Form der Behauptung geschehen, dass Krieg zu den natürlichen Faktoren menschlicher Gesellschaften gehöre[5] und geradezu eine heilsame Funktion für

---

5 So ist der Krieg nach Wilhelm Herrmann (1904, S. 200) „in einer bestimmten geschichtlichen Lage die unabweisbare Aeusserung der in der Kulturbewegung zu einem politischen Leben entwickelten Menschennatur", nach Emanuel Hirsch (1922, S. 95) ein „notwen-

das Gemeinschaftsleben habe. Dies deshalb, weil die existenzielle Herausforderung des Einsatzes des Lebens für die Anderen die sittlichen Kräfte der Menschen wieder auf das Wesentliche konzentriere, die in langen Friedenszeiten in oberflächlicher Zerstreuung und egozentrischer Interessenverfolgung diffundierten. Mit anderen Worten: Krieg ist immer wieder einmal nötig, um die Menschen aus ihrer selbstsüchtigen *incurvatio in seipsum* (Verkrümmung in sich selbst) herauszulösen und ihnen die Gelegenheit zur sittlichen Bewährung zu geben. Manche verbanden damit sogar die Hoffnung auf eine religiöse Erweckung. Es verdient Beachtung, dass derartige Überlegungen aus der friedensethischen Diskussion vollständig verschwunden sind. Die verheerenden Materialschlachten des Ersten Weltkriegs und die verbrecherischen Vernichtungsfeldzüge des Zweiten Weltkriegs haben die Behauptung einer versittlichenden Wirkung des Krieges gründlich und wohl auf Dauer diskreditiert. Verglichen damit zeichnet sich die Lehre vom gerechten Krieg durch diskursive Transparenz und die klar erkennbare Intention der Konfliktlimitierung aus. Dennoch ist auch sie in die Kritik geraten (vgl. den Überblick bei Kirchschlager 2007, S. 81ff.). Warum?

Zunächst ist auch sie, zumindest in ihrer Semantik, getroffen von der Grunderfahrung des 20. Jahrhunderts, dass Kriege, wenn denn je überhaupt, so doch jedenfalls heute nicht mehr als reguläre Mittel des Konfliktaustrags – als „Fortsetzung der Politik mit anderen Mitteln" – verstanden werden können. Die Formel vom gerechten Krieg konnte in dieser Perspektive als eine Normalisierung des Krieges erscheinen, die nach den unermesslichen Schrecken der Weltkriege schlicht nicht mehr akzeptabel war.

Wirkmächtiger war aber ein weiterer Punkt: Die modernen Formen der Kriegführung machten die Anwendung der Kriterien

---

diges Stück der göttlichen Schöpfungsordnung", jeweils zitiert nach Kirchschlager (2007, S. 81).

der Lehre vom gerechten Krieg problematisch: Wie kann man beim Einsatz von Atomwaffen noch von einer Verhältnismäßigkeit der Mittel sprechen? Gibt es angesichts ihrer Zerstörungskraft überhaupt noch Ziele, die dieses Mittel rechtfertigen? Und führen die modernen Massenvernichtungswaffen nicht die Unterscheidung von Kombattanten und Zivilisten ad absurdum? Gerechte Kriege kann es unter diesen Bedingungen folglich nicht mehr geben. Kluge Beobachter wie Helmut Gollwitzer haben freilich schon früh darauf hingewiesen, dass diese Einsicht sich ja der Anwendung der in der Lehre vom gerechten Krieg entwickelten Kriterien selbst verdankt und diese also voraussetzt (Gollwitzer 1957; Kirchschlager 2007, S. 86f.). Dass es keine gerechten Kriege mehr geben kann, sagt – die Lehre vom gerechten Krieg! Anders gesagt: Man braucht diese Lehre, um sie für obsolet erklären zu können.

Interessanterweise hat sich die friedensethische Diskussion in den 80er-Jahren des letzten Jahrhunderts dann auf die Frage konzentriert, ob die Androhung des Einsatzes atomarer Waffen zum Zweck der Abschreckung ethisch legitim sei.[6] Dass dieser Einsatz selbst nicht mehr zu rechtfertigen ist, dass es keine denkbaren Umstände gibt, unter denen er als gerecht gelten kann, war mithin positionsübergreifender Konsens geworden. Die Verteidiger atomarer Rüstung argumentierten mit dem Paradox, dass man mit dem Einsatz dieser Waffen glaubhaft drohen können müsse, um eben diesen Einsatz verhindern zu können.

Nach dem Ende des Kalten Krieges hat sich die Situation bekanntlich grundlegend gewandelt. Obwohl (was gern übersehen wird) atomares Zerstörungspotenzial immer noch überreichlich

---

6 Für die höchst kontroverse Diskussion vgl. einerseits die Friedensdenkschrift der EKD von 1981 und das „Wort des Rates der Evangelischen Kirche in Deutschland zur Friedensdiskussion im Herbst 1983" (beide EKD 1984) und andererseits die Erklärung des Moderamens des Reformierten Bundes (Reformierter Bund 1982).

vorhanden ist, sind die „konventionellen" Kriege wieder verstärkt ins Blickfeld gerückt – vielleicht muss man genauer sagen: ins europäische Blickfeld, denn in anderen Weltteilen waren sie ja nie verschwunden. Jetzt wurden auch in Europa wieder Kriege geführt (Jugoslawien) und europäische Staaten beteiligten sich an Kriegen weltweit (Afghanistan, Irak), und über die ethische Legitimität dieser Kriege (bzw. im Blick auf Jugoslawien genauer: des militärischen Eingreifens in bereits ausgebrochene Kriege) musste diskutiert werden. Im Protestantismus geschah dies unter vehementer Ablehnung der Lehre vom gerechten Krieg – und gleichzeitiger Anwendung ihrer Kriterien.

Ein wichtiger, in seiner (auch atmosphärischen) Bedeutung für die friedensethischen Diskussionen im deutschen Protestantismus kaum zu überschätzender Faktor muss noch eigens erwähnt werden: die positive Integration der friedenskirchlich-pazifistischen Tradition. Pazifismus galt den mehr oder weniger staatstragenden Mainstream-Kirchen bis weit ins 20. Jahrhundert hinein als zutiefst verwerfliche, im Kern egoistische Verweigerung der Nächstenliebe (vgl. exemplarisch Hirsch 1922, S. 94, zitiert bei Kirchschlager 2007, S. 82). Wer den Dienst an der Waffe ablehnt – so das Argument –, ist nicht bereit, sein Leben zum Schutz der Mitmenschen einzusetzen; darin zeigt sich auch mangelndes Gottvertrauen. Im Hintergrund stand die schon in Confessio Augustana 16 leitende Unterstellung, die Friedenskirchen entzögen sich in falscher Vorwegnahme des *Eschatons* der christlichen Verantwortung für die Erhaltung dieser Welt. Nicht zufällig – um ein biographisches Beispiel zu nennen – lernte Dietrich Bonhoeffer christlichen Pazifismus erstmals im Ausland, während eines Studienaufenthalts in New York, kennen, und war tief beeindruckt; es handelte sich um den Franzosen Jean Lasserre (vgl. Bethge 1978, S. 190f.). In Deutschland haben die Kirchen noch in der Nazizeit Wehrdienstverweigerer allein gelassen.

Auch dies änderte sich erst nach dem Zweiten Weltkrieg im Zuge der bereits genannten „Entnormalisierung" des Krieges – und sicher gefördert durch die staatliche Einführung des Rechts auf Kriegsdienstverweigerung im westdeutschen Grundgesetz. Pazifismus fand jetzt kirchliche Anerkennung als Zeichen für den gewaltüberwindenden Charakter des christlichen Zeugnisses. Nach und nach geriet dann sogar der Wehrdienst unter Begründungsdruck. Formeln wie die von der „Komplementarität" von Wehr- und Zivildienst versuchten, die Legitimität beider Optionen zu sichern, ohne freilich deren Gegensätzlichkeit überbrücken zu können. Verbunden war dies mit der Einsicht, dass dem Pazifismus durchaus auch eine politische Rationalität eignet, er also nicht notwendig einen blauäugigen Ausstieg aus der mitmenschlichen Verantwortung markiert. Dies verstärkte im innerkirchlichen Diskurs die Priorisierung nicht-militärischer, gewaltüberwindender Formen des Konfliktaustrags beziehungsweise die Entwicklung vorausschauender Strukturen der Konfliktverhinderung und Konflikteingrenzung. Interessanterweise amalgamierte dies mit der traditionellen protestantischen Emphase für rechtsförmige Gestaltungen des sozialen Lebens (und den darauf bezogenen individuellen Habitus der Rechtsloyalität). Die neueren friedensethischen Stellungnahmen des deutschen Protestantismus (vgl. EKD 2007) setzen einen auffälligen Akzent auf die Entwicklung rechtsförmiger übergreifender Strukturen der Völkergemeinschaft.[7]

Wenn die These von der fälligen Ersetzung der Lehre vom gerechten Krieg durch die Konzeption des gerechten Friedens diese grundsätzliche Priorisierung nicht-militärischer, gewaltvermeidender Formen des „Konfliktmanagements" griffig zum Ausdruck

---

7   Dies ist – in Zustimmung wie Kritik – immer wieder als typisch europäisches Erbe des Kantianismus gedeutet worden (vgl. Geier 2012).

bringen soll, dann hat sie darin ihr begrenztes Recht. Selbst dann allerdings ist anzumerken, dass sie die Intention der Lehre vom gerechten Krieg verzeichnet, ja karikiert. Außerdem wird sie dem bereits genannten unterschiedlichen Status der beiden Begriffe nicht gerecht. Sie leidet zudem an der Inkonsistenz, dass sie die Kriterien der abgelehnten Lehre verwenden muss, um die Angemessenheit eines militärischen Eingreifens (beispielsweise einer „humanitären Intervention") beurteilen zu können. Ich plädiere deshalb dafür, die plakative Gleichordnung der beiden Begriffe aufzugeben. Gerechter Frieden eignet sich als orientierender Leitbegriff für die friedensethische Diskussion. Aber im Horizont dieses Leitbegriffs kann und muss meines Erachtens der Lehre vom gerechten Krieg eine – begrenzte, untergeordnete – Rolle eingeräumt werden, zumal sie die Funktion eines umfassenden Leitbegriffs ohnehin nie hatte. Dies würde der Transparenz der Argumentation dienen und auch die Problemkontinuität sichtbar machen; wir haben friedensethisch in den vergangenen Jahrzehnten ja nicht das Rad neu erfunden.

4 Die friedensethische Funktion biblischer Friedenskonzepte

Abschließend kehre ich zur Ausgangsfrage zurück: Was ist der „Mehrwert" des Begriffs des gerechten Friedens im Vergleich zum biblischen Friedens-Konzept? En passant hat sich bereits gezeigt, dass es *den* „biblischen Friedensbegriff" gar nicht gibt. Schon im Alten Testament lassen sich mindestens die eschatologische Verheißung eines umfassenden sozialen und kosmischen Friedens und die prophetisch-kriterielle Rede vom Frieden, mit der die herrschende gesellschaftliche Ungerechtigkeit konfrontiert wird, unterscheiden. Gefährlich wäre es, den friedensethischen Begriff des gerechten Friedens mit der eschatologischen Verheißung kurzzuschließen.

Gewiss haben die eschatologischen Vollendungsbilder weltorientierende Erschließungskraft und ethosbildende Implikationen.[8] Aber sie eignen sich nicht zur unvermittelten Umsetzung in handlungsleitende Normen. Wird dies versucht, entsteht die Gefahr der unrealistischen Überdehnung menschlicher Handlungsoptionen, die mit innerer Konsequenz die bereits angesprochene chronische Unzufriedenheit mit dem bereits Erreichten beziehungsweise den Moralismus der habitualisierten Forderung nach sich zieht. Umsicht ist auch geboten bei der Übernahme der prophetischen Verbindung von Frieden und Gerechtigkeit: Ihre „analytische" Interpretation (muss nicht, aber) kann zu einer Geringschätzung kleiner friedenschaffender Schritte führen, wenn nämlich nur ein im vollen Sinn gerechter Frieden als wirklicher Frieden gelten kann. Dass die prophetische Verkündigung freilich ein tiefer, auch politischer Realismus auszeichnet, steht außer Frage: Tragfähig und nachhaltig ist ein Frieden erst, wenn er durch die Etablierung stabiler und gerechter sozialer Verhältnisse gestützt ist. Insofern können biblische Narrative durchaus die Entwicklung handlungsleitender Normen inspirieren – beziehungsweise deren Plausibilisierung im innerkirchlichen Diskurs fördern. Die Aufnahme prophetischer Einsichten muss aber nicht notwendig im prophetischen Gestus erfolgen, zumal die Applikation der Verbindung von Frieden und Gerechtigkeit auf konkrete politisch-soziale Konstellationen immer eine Ermessensfrage sein wird, bei der die Begrenztheit individueller Urteilsbildung und Prognosekraft bestenfalls zu „vorläufig definitiven" (Musil), in den seltensten Fällen „alternativlosen" Handlungsoptionen führen wird. Wo der Rückgriff auf biblische Bilder daher nur zur religiösen Aufladung diskursiver

---

8 Für den Umgang mit Tieren habe ich das entfaltet in Oberdorfer (2015a).

Geltungsansprüche dient, wäre er nicht nur in seiner Funktion missverstanden, sondern auch missbraucht.

Literatur

Bethge, Eberhard. 1978. *Dietrich Bonhoeffer. Theologe – Christ – Zeitgenosse*. 4. Aufl. München: Kaiser.
Die Bekenntnisschriften der Evangelisch-Lutherischen Kirche (BSELK). 2014. Hrsg. von Irene Dingel. Göttingen: Vandenhoeck & Ruprecht.
EKD. 1984. *Frieden wahren, fördern und erneuern. Eine Denkschrift der Evangelischen Kirche in Deutschland, ergänzt um das „Wort des Rates der Evangelischen Kirche in Deutschland zur Friedensdiskussion im Herbst 1983"*. 6. Aufl. Gütersloh: Gütersloher Verlagshaus.
EKD. 2007. *Aus Gottes Frieden leben – für gerechten Frieden sorgen. Eine Denkschrift des Rates der Evangelischen Kirche in Deutschland*. 2. Aufl. Gütersloh: Gütersloher Verlagshaus.
Geier, Manfred. 2012. *Aufklärung. Das europäische Projekt*. Reinbek: Rowohlt.
Gollwitzer, Helmut. 1957. *Die Christen und die Atomwaffen*. 5. Aufl. München: Chr. Kaiser Verlag.
Herrmann, Wilhelm. 1904. *Ethik*. 3. Aufl. Tübingen: J.C.B. Mohr.
Hirsch, Emanuel. 1922. *Deutschlands Schicksal. Staat, Volk und Menschheit im Lichte einer ethischen Geschichtsansicht*. 2. Aufl. Göttingen: Vandenhoeck & Ruprecht.
Kirchschlager, Bernd. 2007. *Kirche und Friedenspolitik nach dem 11. September 2001. Protestantische Stellungnahmen und Diskurse im diachronen und ökumenischen Vergleich*. Göttingen: Edition Ruprecht.
Luther, Martin. 1963 [1532]. Das fünffte, Sechste und Siebend Capitel S. Matthei geprediget und ausgelegt. In *Martin Luthers Werke. Kritische Gesamtausgabe (WA)*. Bd. 32, hrsg. von der Kommission zur Herausgabe der Werke Martin Luthers, 299-544. Weimar: H. Böhlaus Nachfolger.
Luther, Martin. 1983a [1525]. *Ein Sendbrief von dem harten Büchlein wider die Bauern* (WA 18, 384-401). Neudeutsch in: Luther Deutsch. Die Werke Martin Luthers in neuer Auswahl für die Gegenwart Bd. 7,

hrsg. von Kurt Aland, 201-225. 3. Aufl. Göttingen: Vandenhoeck & Ruprecht.
Luther, Martin. 1983b [1525]. *Ermahnung zum Frieden auf die zwölf Artikel der Bauernschaft in Schwaben* (WA 18, 291-334). Neudeutsch in: Luther Deutsch. Die Werke Martin Luthers in neuer Auswahl für die Gegenwart Bd. 7, hrsg. von Kurt Aland, 162-190. 3. Aufl. Göttingen: Vandenhoeck & Ruprecht.
Luther, Martin. 1983c [1526]. *Ob Kriegsleute auch im seligen Stand sein können* (WA 19, 623-662). Neudeutsch in: Luther Deutsch. Die Werke Martin Luthers in neuer Auswahl für die Gegenwart. Bd. 7, hrsg. von Kurt Aland, 52-86. 3. Aufl. Göttingen: Vandenhoeck & Ruprecht.
Oberdorfer, Bernd. 2015a. „… ein jegliches nach seiner Art". Tiere in der Schöpfung: Theologische Perspektiven. In *Von armen Schweinen und bunten Vögeln. Tierethik im kulturgeschichtlichen Kontext*, hrsg. von Stephanie Waldow, 53-70. Paderborn: Wilhelm Fink.
Oberdorfer, Bernd. 2015b. How Do We Deal With a Challenging Text. In *To All the Nations. Lutheran Hermeneutics and the Gospel of Matthew*, hrsg. von Kenneth Mtata und Craig Koester, 75-88. Leipzig: Evangelische Verlagsanstalt.
Reformierter Bund. 1982. *Das Bekenntnis zu Jesus Christus und die Friedensverantwortung der Kirche. Eine Erklärung des Moderamens des Reformierten Bundes*. Gütersloh: Gütersloher Verlagshaus.
Tietz, Christiane. 2012. … mit anderen Worten … Zur Übersetzbarkeit religiöser Überzeugungen in politischen Diskursen. *Evangelische Theologie* 72 (2): 86-100.

Gerechtigkeit und Frieden in der Bibel: Eine schwierige Partnerschaft

Lorenzo Scornaienchi

1   Einleitung: Die ideale Partnerschaft

> „Doch ist ja seine Hilfe nahe denen, die ihn fürchten, dass in unserm Lande Ehre wohne; dass Güte und Treue einander begegnen, Gerechtigkeit und Friede sich küssen […]" (Ps 85,10-11).

Dass Gerechtigkeit und Frieden eng zusammengehören, wird nicht nur in der Metapher der intimen Beziehung in Psalm 85 deutlich,[1] sondern ist auch durch die logische Voraussetzung gegeben, dass Gerechtigkeit ohne Frieden unvollkommen ist, und dass Frieden ohne Gerechtigkeit kein wirklicher Frieden sein kann. Obwohl beide Begriffe eng zusammenhängen, zeigt die bisherige

---

[1] Terrien (2003, S. 608) spricht von der Metapher einer mystischen Ehe: „The poet indulges in sublime poetry to deal with the recollection of a sublime experience. He transmits a metaphor of the mystical marriage between two virtues that are now personified, ‚Mercy' and ‚Truth', even ‚Rectitude and Peace'. They will meet and kiss each other, with an astonishingly double consequence." Limburg (2000, S. 290) thematisiert ebenfalls die Personifizierung der Begriffe.

© Springer Fachmedien Wiesbaden GmbH, ein Teil von Springer Nature 2018
S. Jäger und H. Scheffler (Hrsg.), *Frieden und Gerechtigkeit in der Bibel und in kirchlichen Traditionen*, Gerechter Frieden,
https://doi.org/10.1007/978-3-658-20888-2_3

Geschichte der Menschheit, dass der Kampf um Gerechtigkeit nie ein Ende findet, und dass der nach einem Krieg erlangte Frieden nicht unbedingt von Gerechtigkeit begleitet wird. Oft ist Frieden nur ein Waffenstillstand, der mit Gewalt und Unterdrückung gesichert ist. Die Beziehung zwischen Frieden und Gerechtigkeit ist deshalb eine ideale Beziehung, eine schwierige Beziehung, so selten realisierbar, dass sie gemäß Psalm 85 nur durch Gott und den durch die Gnade Gottes erneuerten Menschen zu Stande kommt (Terrien 2003, S. 608).

Psalm 85 berichtet nämlich von einem idyllischen Zustand im Land Israel, in dem die Verheißungen Gottes in Erfüllung gehen. Es ist keine Darstellung des Endes der Zeiten, sondern es handelt sich vielmehr um einen zeitlosen, idealen Zustand, der jederzeit als Gottes Welt evoziert werden kann. Hans-Joachim Kraus (1978, S. 757f.) datiert den Psalm in eine nachexilische Zeit, ähnlich wie das Buch Deuterojesaja. Er übersetzt aber die Verben im Präsens, die Gemeinde habe das Wirken Gottes bereits erfahren, befinde sich aber in einer gottfernen Situation. „Darum werden Jahwe die bereits gewirkten Taten in dankbarer Erinnerung vorgehalten, zugleich aber erhebt sich flehendes Bitten, Gott möge volles, endgültiges Heil schaffen" (Kraus 1978, S. 759). Samuel Terrien situiert den Psalm in der Perserzeit. Manche Juden seien in Babylonien geblieben und hätten dort einen gewissen Wohlstand erfahren. Man erwartete daher eine sehr fruchtbare Zeit, in der auch die in Babylonien gebliebenen Juden in das Land zurückkehrten (Terrien 2003, S. 609). Das Verhältnis der in der Liturgie und im Gottesdienst idealisierten Welt Gottes zur Geschichte der Menschheit wird in der Regel nicht thematisiert. Die scharfe Trennung des Heiligen von dem Profanen macht eine Übertragung der idealen kultischen Vorstellung in die wirkliche, säkulare Welt unmöglich. Diese zeitlose Bedeutung von Gerechtigkeit und Frieden (Gottes) ist in der liturgischen Anwendung der Psalmen eingebettet, die an keine konkrete geschichtliche Situation gebunden ist. Die liturgische Wiederholung der Psalmen stellt daher den historischen Bezug und die Entstehungsgeschichte in den Hintergrund. Die Tempelliturgie – dort hatten die Psalmen vermutlich ihren Ort – öffnet rituell die Welt Gottes, aber sie schließt sie wieder, wenn man sich von der Sakralität des Tempels entfernt.

Im Mittelpunkt des Psalms steht nun nicht das menschliche Handeln, sondern die Bundestreue Gottes[2], die die Garantie dieser glücklichen Zeit ist. In diesem Rahmen kann die zentrale Aussage lokalisiert werden. Die Hilfe Gottes für das Land erfolgt durch eine fruchtbare Partnerschaft zwischen den zwei Termini, dem „Frieden" (männlich im Hebräischen) und der „Gerechtigkeit" (weiblich im Hebräischen). Das ist eine Steigerung zu dem Parallelismus der zwei anderen Termini, Güte und Treue (im Hebräischen weibliche Begriffe), die einander zuvor begegnen. Küssen konnotiert eine enge Verbundenheit, die im Fall von Mann und Frau auf eine Partnerschaft hinweist.[3] Diese Partnerschaft des Begriffspaars ist unumstritten; was aber im Psalm und in diesem Aufsatz zu erläutern bleibt, ist, wie diese fruchtbare Begegnung von Frieden und Gerechtigkeit zu Stande kommt. Die Antwort auf diese Frage macht die Partnerschaft schwierig und in manchen Fällen sogar unmöglich: Am einfachsten ist es zu denken, dass Gott selbst interveniert und die enge Bindung schließt. Eine immer wieder gestellte Frage ist, was der Mensch tun könne, damit Gerechtigkeit und Frieden

---

2   Gerechtigkeit und Friede gelten als „Boten und Diener Gottes bei seinem Advent in grossartiger mythologischer Personifikation". Der Zusammenhang ist nach Weiser (1959, S. 391) das Fest der Bundeserneuerung, wo die Bundestreue Gottes am Sinai hervorgehoben wird.

3   Das Beispiel von Jakob und Rahel in Gen 29,11 ist eines der wenigen Beispiele, in dem ein Mann eine Frau küsst. Ein weiteres Beispiel ist die Verführung einer unehrlichen Ehefrau in Spr 7,13. Hier ergreift die Frau die Initiative; sie lädt einen jungen Mann zu sich ein.

entstehen und sich dann treffen können. Die verschiedenen Ansätze können enthusiastisch oder pessimistisch sein, je nachdem, ob der Realismus der Geschichte oder die Idealität der Verheißung die Oberhand gewinnen. Gerade die Darstellung dieser schwierigen und komplexen Partnerschaft möchte ich anhand historischer und literarischer Differenzierung darstellen.

2 Die Gerechtigkeit in der Verkündigung der Propheten im Alten Testament

Die vorexilische Prophetie in Israel und Juda (vor 597 v.Chr.) stellt eine eindeutige Forderung nach Gerechtigkeit dar. Die Gerechtigkeit wird zum ersten Mal im biblischen Denken zu einer konkreten Instanz, die jeden Bereich des Lebens erreicht. Die sonstige Trennung zwischen Heiligem und Profanem, die den Bereich des Kultus und die säkulare Welt voneinander getrennt und geschützt hatte, wird deutlich aufgehoben. Alle bisherigen Institutionen (Priestertum, Königtum, offizielles Prophetentum) und alle ihre Handlungen (Kultus, Kriegsführung und Bündnisse, Verkündigung) werden von den Propheten aufgefordert, Gerechtigkeit an erster Stelle zu realisieren. Kein Ort, keine Institution und kein Zustand sind ausgenommen.

Amos ist ein Unheilprophet. Die Sammlung von Orakeln und die Hinzufügung von späteren nachexilischen Motiven erschweren die Aufgabe, eine hypothetische frühere Fassung des Buches zu bestimmen. Seine ursprüngliche Verkündigung enthält keinerlei Form von Umkehr, sondern ist eher als ein nachexilischer Einschub zu betrachten. Amos betont die unentrinnbare Eindringlichkeit dieses Gerichtes (des Tags des Herrn). Dabei ist jeglicher Ausweg ausgeschlossen: „Gleichwie wenn jemand vor dem Löwen flieht und ein Bär begegnet ihm und er kommt in ein Haus und lehnt sich mit der Hand an die Wand, so sticht ihn eine Schlange" (Am 5,19).

Der Begriff Gerechtigkeit bezeichnet nach prophetischer Sicht das Handeln der Menschen und betrifft die verschiedensten Bereiche: den Gottesdienst, die Beziehungen zu den Mitmenschen, die sozialen und wirtschaftlichen Verhältnisse, die internationalen Bündnisse, die Konflikte und Kriege zwischen den Staaten. Trotz dieser breiten Anwendbarkeit basiert die prophetische Gerechtigkeit einheitlich auf einem einzigen Fundament, dem Recht Gottes:[4]

> „Ich bin euren Feiertagen gram und verachte sie und mag eure Versammlungen nicht riechen. Und ob ihr mir gleich Brandopfer und Speisopfer opfert, so habe ich keinen Gefallen daran; so mag ich auch eure feisten Dankopfer nicht ansehen. Tue nur weg von mir das Geplärr deiner Lieder; denn ich mag dein Psalterspiel nicht hören! Es soll aber das Recht offenbart werden wie Wasser und die Gerechtigkeit wie ein starker Strom" (Amos 5,21-23).

Die Gerechtigkeit wird hier daher als Erfüllung des Rechts Gottes verstanden, das durch das Land strömen soll.[5] Dieses Recht ist nicht nur das Gesetz Gottes, das die jüdische Tradition später vorwiegend mit dem Wort Tora verstand, und ist daher keine religiös-rituelle

---

4 Die Definition von Gerechtigkeit durch Spieckermann (2000, S. 718ff.) als Prädikat Gottes im Alten Testament betrifft nur einen Teil der Textstellen. Die Propheten verkündeten eher die Notwendigkeit, die Gerechtigkeit Gottes als Recht für die Menschen zu etablieren.

5 Die Definition von Gerechtigkeit bei Ulpian als „jedem das eigene Recht zu gewähren" (*suum ius cuique tribuere* [zit. nach Wolterstorff 2008, S. 22]), setzt aber eine bestimmte (soziale) Stellung der Person voraus, die in dem Adjektiv „suum" enthalten sein kann. Man kann in einer hierarchischen Gesellschaftsordnung sagen, dass einige Schichten beschränktes Recht haben. Das Recht Gottes ist nach der prophetischen Predigt eine Garantie dafür, dass auch schwache Schichten der Bevölkerung überhaupt ein Recht haben.

Normierung. Recht heißt im Grunde „Justiz" und letztendlich „Gericht" Gottes, das die Korruption der menschlichen Justizverwaltung ans Licht bringt. Amos denunziert die elende Lage der Gerichte im Reich und wendet sich gegen diejenigen, die die Justiz aktiv verderben: „Wehe, die ihr das Recht in Wermut verkehrt und die Gerechtigkeit zu Boden stoßt" (Am 5,7). Es wird nicht klar in diesen Texten, wer eigentlich das Recht im Lande so wieder errichten wird, dass es wie ein Fluss strömt, ob der König, das Volk oder Gott selbst. Es liegt aber nahe, dass die Verantwortlichen der Justiz im Visier des Propheten stehen und vor allem ihnen prophezeit wird, dass sie die Früchte ihrer Bestechung nicht genießen werden. Die Gleichsetzung von Gerechtigkeit und Recht besagt einerseits das Fehlen von Recht am Gerichtshof, andererseits die objektive Definition der Gerechtigkeit, die in der letzten Instanz von Gottes Gericht errichtet wird, wenn Menschen und Institutionen nicht mehr in der Lage sind, sie zu gewährleisten. Die prophetische Definition von Gerechtigkeit als eine konkrete Größe, die jede menschliche Aktivität durchdringen, prägen, und die als wahrer Gottesdienst gelten soll, bleibt in der biblischen Tradition ein Maßstab für ethisches Engagement und eine Voraussetzung jedes ethischen Diskurses. Das Buch Jesaja entwickelt den Diskurs um die Gerechtigkeit im ganzen Buch, bis zum nachexilischen Tritojesaja hin. Die Ähnlichkeiten von Amos' Botschaft mit derjenigen von Protojesaja sind sehr deutlich. Gott verlangt an erster Stelle nicht das Opfern von Tieren im Gottesdienst, sondern die Gerechtigkeit und die Güte gegenüber Schwachen und Armen (Jes 1,10-17). Der Ausdruck „Recht dem Waisen und der Witwe schaffen" wird durch Jesaja zu einer sprichwörtlichen Formulierung, um die Gerechtigkeit selbst zu definieren. Diese zwei Gruppen sind *wirklich* als benachteiligte Menschen, ohne jede Fürsorge, und *symbolisch* als Repräsentanten aller Armen und Schwachen gemeint (Leclerc 2001, S. 37). Jesaja benennt ausdrücklich diejenigen, die an der Ungerechtigkeit schuld sind: die Herrscher (1,23); die Ältesten (3,14); die Häupter des Volkes (1,10; 10,2) und die Nachkommen Davids (9,1-6). Diese Botschaft der Gerechtigkeit bei den Propheten wird in der nachexilischen Zeit in die Tora aufgenommen und kodifiziert (Ex 22,22-23; Dtn 10,18; 24,17). Das ist eine objektiv nachweisbare Wirkung der prophetischen Predigt im Leben Israels. Die Aufnahme des sozialen Protests hebt allerdings die scharfe Kritik am Kultus, an der sozialen Gerechtigkeit und an den kultischen und rituellen Normen auf. Die Gesetze für Waisen und Witwen werden zusammen mit priesterlichen Normen in das Gesetzbuch integriert und verlieren die Kraft ihres prophetischen Ursprungs.

3 Eine messianische Friedensbotschaft

Es ist bei Amos *ex negativo* deutlich, dass die Ungerechtigkeit und die Korruption eine Ursache der Kriege und des Massakers sind. Besonders sprechend ist bei Amos die Beschreibung der internationalen Verbrechen und das Gericht Gottes gegen die Völker: Auslieferung der Gefangenen an Edom (Am 1,9); Ermordung von Schwangeren in Gilead (Am 1,13); Versklavung von Verschuldeten in einer Situation der finanziellen Krise (Am 2,6). Hans-Walter Wolff (1985, S. 129) spricht von einem „Pfingsten im Negativ", das Treffen Israels mit den Völkern im Gericht ist eine Gemeinschaft der Verurteilten. Kann eine Wiederherstellung der Gerechtigkeit zum Frieden im Lande und in der Umgebung führen? Diese Frage bleibt bei Amos unbeantwortet. Die Tragik, die er darstellt, lässt keinen Raum für eine idealisierte Vorstellung, bei der sich das Paar Gerechtigkeit und Frieden treffen und sogar küssen. Jeremia wendet sich hundert Jahre später gegen das lügenvolle Versprechen des Friedens durch die (offiziellen) Propheten und Priester: „Denn sie gieren alle, Klein und Groß, nach unrechtem Gewinn, und Propheten und Priester gehen alle mit Lüge um und heilen den Schaden meines Volks nur obenhin, indem sie sagen: ‚Friede! Friede!', und ist doch nicht Friede" (Jer 6,13-14; siehe auch 8,10-11). Gerade die Priester hatten die Funktion, dem Volk den Frieden durch ihren Segen zu gewährleisten. In der politischen und internationalen Situation erweist sich ein solches Verkündigen des Friedens als eine Lüge. Eckart Otto (2000, Sp. 359f.) definiert Frieden im Alten Testament wie folgt: „Friede" bezeichne

> „nicht nur das Fehlen von Gewalt, sondern einen lebensförderlichen Zustand in der Gemeinschaft von der Familie bis zu Volk und Völkerrecht; die segensreiche Interaktion zwischen Menschen und Natur sowie die Versöhntheit zwischen Gott und Mensch. Es kann ein Leben im Frieden nur geben, wenn šalom in allen diesen Interaktionsfeldern, die unlösbar miteinander verknüpft sind, herrscht".

Diese Definition berücksichtigt nicht den Kontrast zwischen einer priesterlichen Vorstellung (Frieden als durch Segen verliehenen Zustand) und einer prophetischen (Frieden als konflikt- und gewaltfreien Zustand). Im Text des Jeremia ist die erste ohne die zweite jedoch eine Lüge. Die Botschaft der Propheten besteht daher in der Verwirklichung des Friedens in den menschlichen Verhältnissen. Die Suche nach dem unrechten Gewinn von Klein und Groß erzeugt Ungerechtigkeit, von der kein Frieden stammen kann. Die Lüge ist hier nicht die Wirklichkeit des Segens Gottes, von dem Frieden kommt, sondern der Verzicht auf die Suche nach Gerechtigkeit und die Illusion, durch die religiöse Sprache die soziale und politische Realität zu relativieren oder in den Hintergrund zu rücken. Frieden soll notwendigerweise auf Gerechtigkeit gegründet werden, sonst ist er ein leeres Wort, ja eine Lüge. Die internationale Lage der Aufrüstung und des Imperialismus macht den Frieden im Land zu einem idealen und kaum realisierbaren Ereignis.

In Protojesaja und in Micha werden daher Frieden und Gerechtigkeit als Folge einer messianischen Zeit gedeutet, die die Wirklichkeit radikal verändern soll. Im Mittelpunkt der Vorstellung steht ein Gesandter Gottes, ein Nachkomme der Sippe des Königs David, welcher der politischen und religiösen Lage eine neue Richtung gibt. Frieden ist daher der Verzicht auf jede Form von Gewalt, die die ganze Naturwelt betrifft und nicht nur die einzelnen Menschen. In Jesaja 11,1-9 kann der neue davidische Herrscher die Gewalt beseitigen und ein Zusammenleben von Wildtieren und Haustieren bewirken. Es handelt sich um eine Weissagung über einen Heilskönig. Jesaja versteht ihn als „Wahrer der Gerechtigkeit, zugleich aber auch als Garanten des Friedens, wobei unter dem Frieden keineswegs bloß Friede unter Menschen und Völkern, sondern auch im Tierreich gemeint sein kann" (Wildberger 1980, S. 444). Die Vorstellung von Gerechtigkeit und Frieden ist in diesem Fall von der Königsideologie abhängig; nur ein gerechter König kann zu Frieden und Gerechtigkeit führen. In Jesaja 9,5-6 ist der „Friedefürst" derjenige, der seinen Thron mit Recht und Gerechtigkeit bis in die Ewigkeit festigen wird. Das Begriffspaar Gerechtigkeit und Frieden kann sich dadurch vereinigen, dass Gott einen Gesandten aufkommen lässt, der beide realisiert. In Jesaja 2,2-4 (und Micha 4,3) ist Gott selbst derjenige, der mit einem Rechtsentscheid Gerechtigkeit und Frieden für alle Völker stiftet. Die Folge ist, dass die Völker Waffen zu Ackerbauinstrumenten machen. In Micha 4,3, das als Parallelstelle zu Jesaja 2 gilt, ist die Vorstellung der sozialen Gerechtigkeit die Bedingung für den Frieden. Der arme Bauer kann ungestört in seinem Weinberg und unter seinem Feigenbaum sitzen. Ungerecht war nach Micha, dass die Großgrundbesitzer die Äcker und die Häuser der Armen für sich beschlagnahmten (Mi 2,2). Otto schreibt am Schluss seiner Analyse dieser Textstellen: „Eine Friedensordnung kann nur von unten in der Gesellschaft durch soziale Gerechtigkeit aufgebaut werden" (Otto 1998, S. 150). Diese prophetische Vorstellung bleibt wichtig für jede mögliche Konstruktion einer friedlichen Ordnung.

4 Die Privatisierung von Frieden und Gerechtigkeit in der Weisheitsliteratur

Anders als in der prophetischen Literatur, wo dem Frieden und der Gerechtigkeit eine kollektive Bedeutung zukommt, bewirkt die Weisheitsliteratur eine Privatisierung beider Begriffe. Sie werden nun als persönliche Eigenschaften verstanden. Der Frieden der Welt oder die Gerechtigkeit der Gesellschaft rücken so in den Hintergrund. Eine kontextuelle Rede ist nicht mehr möglich, sondern es werden nur allgemeingültige Sentenzen formuliert, die zeitlos gelten sollen.

Die Fassung allgemeiner Sprüche findet sich in der Volksliteratur aller Zeiten; die biblische Weisheitsliteratur hat sich allerdings im Rahmen des königlichen Hofes oder bei den oberen Schichten der Gesellschaft entwickelt, wo soziale Fragen oder völkerrechtliche Themen nicht diskutiert wurden. Es ist wahrscheinlich kein Zufall, dass die Ikone für diese Form der Weisheit König Salomon ist. Bemerkenswert ist auch das Urteil gegenüber der Armut, die eine völlig andere Deutung als in der Botschaft der Propheten bekommt. Armut ist nämlich nicht die Folge von Ungerechtigkeit, sondern von Faulheit (Spr 10,4; 20,13) oder von Lastern wie Trinken und Essen (Spr 23,20f., 23,30) und sie ist teilweise als „Schande" konnotiert. Reichtum ist dagegen positiv bewertet, als Ergebnis von Gottes Segen. Es ist gerade dieser Aspekt, der die Weisheit theologisch relevant macht, der Weise, der gleichzeitig gerecht ist, hat in seinem Leben immer Erfolg und erreicht durch seine Weisheit und durch Fleiß Wohlstand („Die Hand der Fleißigen macht reich", Spr 10,4). Die Achtung einer weisen Lebensweise ist die höchste Form der Frömmigkeit, weil Gott derjenige ist, der die für die Weisheit grundlegende weltliche Ordnung geschaffen hat. Die Krise der Weisheit, die im Kohelet, im Buch Hiob und im Buch Sirach dokumentiert ist, entsteht dadurch, dass der Erfolg und der Wohlstand des Weisen nicht mehr notwendigerweise geschehen. Der Gerechte erfährt oft Leiden und Misserfolg. Das Beispiel von Hiob, der plötzlich alles (Besitz, Kinder und Ansehen) verliert und höchstes Leiden erlebt, setzt dieser Sicherheit des Erfolgs eine Grenze und bleibt bis zum Ende des Buches eine ungelöste Frage. Hiob bestätigt aber die subjektbezogene Deutung der beiden Termini „Gerechtigkeit" und „Frieden". Frieden hat einen persönlichen Charakter und bezeichnet im Grunde den Wohlstand eines Menschen (Hi 3,26; 15,21; 16,12; 21,9; 22,21). Der gerechte Mensch kann in Frieden und Wohlstand leben, so der Freund des Hiob Elifas (Hi 22,21ff.) und damit vertritt er die Weisheitstheorie in der Debatte der Freunde. Die Theodizeefrage ist bei Hiob die Chiffre dieser Krise der Weisheit und nicht eine allgemeine philosophische Frage. „Gerechtigkeit" nimmt in der Weisheitsliteratur ebenfalls einen persönlichen Charakter an, als eine Art Eigenschaft des Weisen, und nicht als eine von Gott bestimmte Richtschnur menschlichen Verhaltens, mit der das Menschenleben gemessen wird. Das kann man im Buch Sprüche in den Verhältnissen zwischen Armen und Reichen sehen, wo gerade diese Dimension der Gerechtigkeit fehlt. Andere Elemente spielen hier eine Rolle, wie beispielsweise Erbarmen, oder sogar eine gewisse Härte der Reichen gegenüber den Armen. Zur Privatisierung und besonders zur Personalisierung der Gerechtigkeit ist die Stelle im Buch Hiob interessant, in der Hiob sein früheres Glück beschreibt und Gerechtigkeit als sein Kleid, daher wörtlich seinen Habitus, definiert: „Gerechtigkeit war mein Kleid und wie Mantel und Turban umhüllte mich das Recht" (Hi 29,14). Gerechtigkeit wird daher zu einem erstrebenswerten Gut in der Erziehung, das am

Ende den Menschen als Gerechten konstituiert.⁶ Die Denkstruktur der Weisheit besteht in der Gegenüberstellung der zwei Kategorien, des Rechtschaffenen und des Frevlers, die dann zwei symmetrisch entgegengesetzte Wege darstellen (vgl. Hausmann 1995, S. 37ff.). Die formalistische Methode, aus der Wirklichkeit eine Regel zu formulieren, macht diese Texte durch alle Zeiten attraktiv, ist aber gleichzeitig ihre große Grenze.

5 Das Reich Gottes und seine Gerechtigkeit im Neuen Testament

Die prophetische und die weisheitliche Auffassung von Gerechtigkeit und Frieden bieten das Terrain für den Diskurs zu beiden Termini im Neuen Testament, beginnend mit der Predigt des historischen Jesus. Bei den verschiedenen Ansätzen der Jesus-Forschung bleiben das Profil eines Propheten und eines Weisheitslehrers von grundlegender Bedeutung, ohne in Konkurrenz zueinander zu geraten. Nach Gerd Theißen und Annette Merz wird gerade die Ethik Jesu zur Schnittstelle zwischen prophetisch-eschatologischen und weisheitlichen Motiven (Theißen und Merz 2001, S. 332ff.). Diese Verbindung zwischen Weisheit und (prophetischer) Eschatologie komme bereits im Frühjudentum durch die apokalyptische Literatur zustande. Dabei besitzt der Prophet oder Seher die besondere Gabe, die zukünftige Welt vorauszusehen, sie

---

6 Estes (1997, S. 51) betont, dass gemäß den Proverbien Gerechtigkeit ein kostbarer Wert ist, den der Einzelne erwerben kann: „Because Yahweh is righteous, reverence for him necessarily entails both embracing what is righteous and rejecting what is unrighteous. […] Proverbs insists on the integrated life, in which the whole person is characterized by righteousness not a bifurcated life in which righteousness and evil co-exist as an unstable antithesis".

durch geheime Symbolik zu beschreiben, deren Erschließung eine besondere Weisheit erfordert (vgl. Theißen und Merz 2001, S. 333). Jesus verkündet jedoch eine Weisheit, die sich sehr stark von den rätselhaften und unverständlichen Bildern eines Apokalyptikers unterscheidet. Er verwendet Gleichnisse, deren Symbolik dem Alltag entnommen und an alle gerichtet ist. Seine Anekdoten und seine Gleichnisse beschreiben zwar die Wirklichkeit Gottes, die aber allen nahesteht. Die Weisheit Jesu ist ein Mittel, um die Wirklichkeit Gottes zu beschreiben, die in die Welt durch seine Präsenz und seine Verkündigung hineinbricht. Die klassische biblische Weisheit verkündet keine Dynamik der Veränderung der Welt; im Gegenteil ist diese statisch und wirkt gegenüber den sozialen Problemen distanziert oder sogar paternalistisch. Es liegt daher nahe, dass die prophetisch-eschatologischen Merkmale für die Gestalt Jesu wesentlich sind. Er bietet am Anfang seiner Verkündigung ein prophetisches Programm (Lk 4,16-19) an. Seine Schwerpunkte sind: das Evangelium für die Armen, die Befreiung der Gefangenen und die Heilung der Menschen mit zerbrochenen Herzen, wie es im Buch Jesaja (61,2) steht. Die soziale Botschaft Jesu kommt besonders im Lukasevangelium zum Ausdruck, aber sie ist keine spätere redaktionelle Interpretation des dritten Evangelisten, sondern sie beinhaltet die ursprüngliche Predigt Jesu. Jesus verurteilt die soziale Ungerechtigkeit, insbesondere die Ausbeutung der Armen. Seine Worte gegen die Reichen sind eindrucksvoll (Mk 10,25), weil diese zur Umkehr, das heißt zum Verzicht auf ihre Güter, aufgefordert werden. Reichtum wird von Jesus nicht nur als eine ungerechte Verteilung aller Güter der Erde betrachtet, sondern als eine Form von Götzendienst. Im Gleichnis des reichen Kornbauern (Lk 12,16-21) ist die Perspektive der biblischen Weisheit umgeworfen. Der Reiche ist ein Frevler, weil er Ruhe und Frieden durch seinen Besitz sichern möchte. Gottes Urteil nimmt ihm das Leben und zerbricht seine Pläne. Wer die Macht des Geldes sucht, betet eine Art Götzen – den Mammon – an, der in Konkurrenz zum lebendigen Gott steht. Alle diese Fäden verbinden sich in der wichtigsten Botschaft Jesu, nämlich dem Reich Gottes, das das Zentrum seiner Verkündigung ist.[7] Das Reich Gottes ist die Herrschaft Gottes in der Welt. Es realisiert sich einerseits in der eschatologischen Zukunft, andererseits ist es bereits durch die Taten Jesu am Werk, die der bestehenden Welt und vor allem der Macht des Bösen eine klare Grenze setzen. Die Gleichnisse sprechen von diesem Reich als einer kleinen, fast nicht spürbaren Wirklichkeit, die am Ende groß und mächtig wird (Mk 4,30-34). Das Reich Gottes, nämlich die wirkende Herrschaft Gottes, stellt das dar, was die Propheten mit Gottes Recht gemeint hatten, eine Größe, mit der sich die menschliche Welt notwendigerweise konfrontieren muss (vgl. Goppelt 1991, S. 96ff.). Einige Autoren, wie John D. Crossan und Richard Horsley, sehen die Botschaft Jesu insgesamt als einen klaren Protest gegen die Macht Roms an. Die Deutung des palästinensischen Kontexts, die Kämpfe zwischen Armen und Reichen, die Hierarchien und das Patronat bieten die wichtigsten Elemente des Entwurfs von Crossan: „Jesus war ein mediterraner jüdischer Bauer", der die sozialen Konventionen seiner Zeit in Frage stellt (Crossan 1996, S. 139). Jesus erklärt den Armen als selig, gemeint sind aber die Bettler, die über keine Mittel

---

7   „Das Zentralwort der Verkündigung Jesu ist mit seiner besonderen Rede von der (Königs)Herrschaft Gottes gegeben" (Becker 1996, S. 101). Kein anderes Beispiel dieser Zentralität sei beim Frühjudentum zu finden. Becker scheint einer der wenigen Neutestamentler zu sein, der die zentrale Rolle der Botschaft vom Reich Gottes in der Verkündigung Jesu betont und in seinem Jesus-Buch konsequent durchführt. Theißen und Merz (2001) tragen in ihrem Jesusbuch verschiedene Aspekte der Botschaft Jesu vor, die sie nebeneinanderstellen, ohne ein Zentrum (und eine Peripherie) zu definieren, und ohne die zentralen Aspekte der Predigt Jesu von der Weiterentwicklung der Überlieferung zu unterscheiden.

zum Leben verfügen. Eine solche Rechtfertigung der Bettler und des Wandertums stelle Jesus in Verbindung mit der philosophischen Bewegung der Kyniker. Die Missionsstrategie, die er und seine Anhänger anwendeten, war eine Mitwirkung von freien Heilungen und Tischgemeinschaft, ein religiöser Egalitarismus, der die hierarchische Ordnung und die Normen des Judentums und die römische Macht in Frage stellte. Horsley wendet die gleiche Methode der Kontextualisierung der Gestalt Jesus in seiner Umwelt an, um die politische Position Jesu zu definieren. Dementsprechend gehöre Jesus zu den Randgruppen, die gegen Rom und seine Kollaborateure gehandelt haben. Die Tempelaktion, das Gleichnis der bösen Winzer und der Fluch des Feigenbaums seien alle Ausdruck des Protestes Jesu gegen das philo-römische Tempelpriestertum (Horsley 2003, S. 92ff.). Die antirömische Position sei im Wort Jesu zur Kaisersteuer und in den Exorzismen sichtbar. In einem Exorzismus nennt sich der böse Geist „Legion", was ein klarer Bezug auf die militärische Besatzung der Römer war. Die Argumente einer antirömischen Position Jesu sind aber nicht ausreichend. Jesu Hinrichtung am Kreuz ist zwar römisch, er fiel aber einem Komplott der Römer mit der Tempelaristokratie zum Opfer. Ein aktiver Widerstandskämpfer gegen Rom war er nicht. Das Reich Gottes ist aber nicht nur eine Richtschnur zum Urteil über die Welt, sondern deren Erneuerung im Sinne Gottes. Es ist die wichtigste Erkenntnis, die sich die Jünger Jesu aneignen sollen: Jesus fordert von ihnen, dass sie zuerst das Reich und seine Gerechtigkeit suchen und dann erst jedes andere weltliche Ding. Sogar die Grundbedürfnisse des Lebens, das Essen und die Bekleidung rücken so in den Hintergrund. „Trachtet zuerst nach dem Reich Gottes und nach seiner Gerechtigkeit, so wird euch das alles zufallen" (Mt 6,33 und Lk 12,31). Die Herrschaft Gottes wird auch Frieden stiften. Der johanneische Jesus sagt: „Den Frieden lasse ich euch, meinen Frieden gebe ich euch. Nicht gebe ich euch, wie die Welt gibt" (Joh 14,27). Allerdings äußert Jesus vielleicht als Herausforderung gegen eine Privatisierung des Friedens: „Meint ihr, dass ich gekommen bin, Frieden zu bringen auf Erden? Ich sage, nein, sondern Zwietracht" (Lk 12,51). Da spiegelt sich die gleiche Kraft, mit der Jesus sich gegen die religiösen Autoritäten ausspricht, und sagt: „Wehe euch Pharisäer! Denn ihr gebt den Zehnten von Minze und Raute und allerlei Gemüse, aber am Recht und an der Liebe Gottes geht ihr vorbei" (Lk 11,42). Der Frieden des Reiches Gottes ist in der Nächstenliebe fundiert, die bei Jesus im Verzicht auf Vergeltung[8] und in der Feindesliebe radikalisiert wird (Mt 5,43-47). Dieser Aspekt der Botschaft Jesu ist aber für seine Nachfolger oft ein Prinzip der individuellen Ethik geblieben. Die Gewaltlosigkeit blieb zumeist die Wahl einzelner Christen, die gegen das System kämpften.

6 Rechtfertigung und Frieden mit Gott bei Paulus

Wenn man die oben genannte Unterscheidung einer prophetischen und einer weisheitlichen Vorstellung von Frieden und Gerechtigkeit auf die Theologie des Paulus anwendet, kann man zuerst einige Gemeinsamkeiten zu der weisheitlichen Fragestellung feststellen. Gemäß der biblischen Weisheit ist Gerechtigkeit vor allem ein Habitus des Menschen, der entweder ein Rechtschaffener oder ein Frevler sein kann. Der Gerechte hat Glück, Erfolg und Leben. Selbst die Krise der Weisheit stellt die Berechtigung des Status des

---

8 Das Thema der Feindesliebe und der Verzicht auf Vergeltung steht vor allem im Sammelband von Swartley (1992) und hier insbesondere im Aufsatz von Weaver (1992, S. 51) im Mittelpunkt. Sie betont den kollektiven Charakter der Lehre Jesu, die sich an die verfolgte Gemeinde richtet.

Gerechten nicht in Frage, sondern nur die konkreten Folgen dieses Status, dass er Glück, Erfolg, Reichtum und Leben haben soll. Die paulinische Fragestellung erwächst gerade aus einer noch tieferen Krise des weisheitlichen formelhaften Ansatzes, nämlich dass auch der Gerechte nicht mehr als solcher betrachtet werden kann. Er sagt mit den Worten des Psalms 14 „Da ist keiner, der verständig ist; da ist keiner, der nach Gott fragt. Sie sind alle abgewichen und allesamt verdorben" (Röm 3,11-12). In diesem Schema eines anthropologischen Pessimismus kann Gerechtigkeit zuerst ausschließlich als die Gerechtigkeit Gottes verstanden werden. Die Definition von Gerechtigkeit bei Paulus ist eine der zentralen Fragen der paulinischen Exegese. Grundlegend ist die Diskussion zwischen Rudolf Bultmann und Ernst Käsemann. Nach Bultmann (1964, S. 12ff.) ist Gerechtigkeit Gottes als *genitivus objectivus* zu deuten, als von Gott geschenkte Gerechtigkeit. Bultmann behält die forensische Bedeutung der Gerechtigkeit, die die Reformatoren gepflegt haben, nach der der Mensch nicht gerecht wird, sondern nur so angesehen wird. Nach Käsemann (1965, S. 181ff.) ist im Gegenteil Gerechtigkeit Gottes als *genitivus subjectivus* zu verstehen, das heißt als Macht Gottes, die den Menschen bestimmt. Die Perspektive des Individualismus bei der forensischen Deutung ist damit überwunden. „Doch ist es mir völlig unmöglich zuzugeben, daß die Theologie und das Geschichtsbild des Paulus am Individuum orientiert sei" (Käsemann 1965, S. 188). Die gegenwärtige Diskussion, angeregt durch die sogenannte *New Perspective on Paul*, beschäftigt sich mehr mit den jüdischen Hintergründen dieser Lehre, und zwar mit der Vorstellung der Bundestreue Gottes (Bird 2007). Der Versuch dieser Forschungsrichtung ist es, die scharfe Abgrenzung des Paulus gegenüber dem jüdischen Gesetz zu reduzieren. Das Interesse ist aber die Hervorhebung der jüdischen Identität des Paulus und weniger die definitorisch zentralen Fragen. Der wichtigste Teil der paulinischen Theologie besteht darin, dass diese Gerechtigkeit

Gottes gerade die Rechtfertigung des Menschen bewirkt. Was die beiden verbindet und die Rechtfertigung möglich macht, sind der Tod und die Auferstehung Jesu Christi, die die Gerechtigkeit Gottes neu definieren:

> „Nun aber ist ohne Zutun des Gesetzes die Gerechtigkeit, die vor Gott gilt, offenbart, bezeugt durch das Gesetz und die Propheten. Ich rede aber von der Gerechtigkeit vor Gott, die da kommt durch den Glauben an Jesus Christus zu allen, die glauben" (Röm 3,21-22).

Gerechtigkeit ist nicht eine statische Eigenschaft des Menschen, sondern die Macht Gottes[9], die zur Änderung des Menschen und letztendlich der Welt führt.[10] Auf der Basis der Rechtfertigung kann die prophetische Aufforderung zur Gerechtigkeit wieder ihre volle Gültigkeit gewinnen, nicht mehr als Urteil, sondern als ethische Anweisung. Der Frieden ist zunächst Frieden mit Gott, das Ende der Rivalität zwischen Gott und dem Menschen, das Ende des menschlichen Anspruchs, wie (ein) Gott zu sein: „Da wir nun gerecht geworden sind durch den Glauben, haben wir Frieden mit Gott durch unsern Herrn Jesus Christus" (Röm 5,1). Die Betonung dieser Auffassung des Friedens ist oft missverstanden worden als eine Form von spirituellem und innerlichem Frieden, die gleich-

---

9   Klaiber (2000, S. 720) betont den Machtwechsel im Menschen von der Sünde zu Gott. Der Mensch ist nicht mehr von der Macht der Sünde bestimmt, sein Leib und seine Glieder werden daher zu Instrumenten (wörtlich Waffen) der Gerechtigkeit.

10 „Gerechtigkeit Gottes benennt prägnant das Offenbarwerden sowie das Einbezogenwerden in und die Teilhabe der Glaubenden an Gottes rechtfertigendem Handeln in Jesus Christus. Dabei löst sich die Gerechtigkeit nicht von Gott, sie bleibt seine Gerechtigkeit und erweist sich gerade darin, dass sie eine für den Menschen heilvolle Wirklichkeit schafft, die ihn umfasst, bestimmt und neu ausrichtet" (Schnelle 2003, S. 336).

gültig gegenüber den wirklichen Konflikten in der Welt ist. Das ist ein Vorwurf, der oft der paulinischen Theologie und besonders ihrer protestantischen Rezeption gemacht wird. Der Paulus der Rechtfertigungslehre und die zentrale Rolle des Glaubens als innerliche Haltung zum Erlangen des Heils hätten die Introspektion der westlichen Theologie unterstützt.[11] Ein solches kritisches Hinterfragen der paulinischen Theologie ist notwendig, besonders wenn man die Wirkungsgeschichte des Paulus im Protestantismus anschaut. Die Theologie des Paulus enthält aber wichtige Hinweise, die das ethische Engagement in der Gesellschaft unterstützen. Paulus rezipiert die Gewaltlosigkeit und den Verzicht auf Vergeltung der Botschaft Jesu als Haltung der christlichen Gemeinde (Röm 12,14-21) und behält die Bedeutung des Reiches Gottes, das höher ist als rituelle Vorschriften, bei: „Denn das Reich Gottes ist nicht Essen und Trinken, sondern Gerechtigkeit und Friede und Freude in dem Heiligen Geist" (Röm 14,17). Im Reich Gottes küssen sich auch für Paulus Gerechtigkeit und Frieden, die mehr als Glück und Wohlstand meinen. Ein weiteres Element für eine ethische Anwendbarkeit der paulinischen Theologie ist sein Diskurs über den Leib (vgl. Scornaienchi 2008). Das zeigt, dass Paulus nicht auf eine religiöse und introspektive Sphäre begrenzt werden kann. Der Leib ist die Wirklichkeit des Menschseins und des Verhältnisses zu den Mitmenschen. Der Leib dient Paulus als Basis für die Bildung einer konstruktiven Gemeinschaft, wo die Ungerechtigkeit, die Hierarchien mit einem egalitären Zusammensein überwunden werden. Die christliche Gemeinde ist der Ausgangspunkt für ein neues Zusammenleben, das die Welt verändert.

---

11 Dieser kritische Ansatz durch Stendahl (1976, S. 95) hat eine neue Annäherung an die Paulus-Theologie ermöglicht. Er sieht die introspektive Deutung des Paulus als eine Linie, die von Augustinus her den Höhepunkt bei Luther erreicht und in der säkularen Theorie bei Freud landet.

Literatur

Becker, Jürgen. 1996. *Jesus von Nazareth*. Berlin: De Gruyter.
Bird, Michael. 2007. *The Saving Righteousness of God. Studies on Paul, Justification, and the New Perspective*. Eugene, Or.: Wipf & Stock.
Bultmann, Rudolf. 1964. Dikaiosyne theou. *Journal of Biblical Literature* 83 (1): 12-16.
Crossan, John D. 1996. *Jesus. Ein revolutionäres Leben*. München: Beck.
Estes, Daniel J. 1997. *Hear, My Son. Teaching & Learning in Proverbs 1-9*. Grand Rapids, Mich.: Eerdmans.
Goppelt, Leonhard. 1991. *Theologie des Neuen Testaments*. 3. Aufl. Göttingen: Vandenhoeck & Ruprecht.
Hausmann, Jutta. 1995. *Studien zum Menschenbild der älteren Weisheit*. Tübingen: Mohr Siebeck.
Horsley, Richard A. 2003. *Jesus and Empire. The Kingdom of God and the New World Disorder*. Minneapolis, Minn.: Fortress Press.
Jeremias, Jörg. 1995. *Der Prophet Amos*. Göttingen: Vandenhoeck & Ruprecht.
Käsemann, Ernst. 1965. Gottesgerechtigkeit bei Paulus. In *Exegetische Versuche und Besinnungen*. Bd. 2, hrsg. von Ernst Käsemann, 181-193. Göttingen: Vandenhoeck & Ruprecht.
Klaiber, Walter. 2000. Art. Gerechtigkeit III. Neues Testament. In *Religion in Geschichte und Gegenwart*. Bd. 3, hrsg. von Hans Dieter Betz, Don S. Browning, Bernd Janowski und Eberhard Jüngel, Sp. 720-721. 4. Aufl. Tübingen: Mohr Siebeck.
Kraus, Hans-Joachim. 1978. *Psalmen*. 2. Teilband. 5. Aufl. Neukirchen-Vluyn: Neukirchener Verlag.
Leclerc, Thomas L. 2001. *Yahweh is Exalted in Justice. Solidarity and Conflict in Isaiah*. Minneapolis, Minn.: Fortress Press.
Limburg, James. 2000. *Psalms*. Louisville, Ky.: Westminster John Knox Press.
Otto, Eckart. 1998. *Krieg und Frieden in der Hebräischen Bibel und im Alten Orient. Aspekte für eine Friedensordnung in der Moderne*. Stuttgart: Kohlhammer.
Otto, Eckart. 2000. Art. Frieden II. Altes Testament. In *Religion in Geschichte und Gegenwart*. Bd. 3, hrsg. von Hans Dieter Betz, Don S. Browning, Bernd Janowski und Eberhard Jüngel, Sp. 359-360. 4. Aufl. Tübingen: Mohr Siebeck.

Schnelle, Udo. 2003. *Paulus. Leben und Denken*. Berlin: De Gruyter.

Scornaienchi, Lorenzo. 2008. *Sarx und Soma bei Paulus. Der Mensch zwischen Destruktivität und Konstruktivität*. Göttingen: Vandenhoeck & Ruprecht.

Spieckermann. Hermann. 2000. Art. Gerechtigkeit II. Altes Testament. In *Religion in Geschichte und Gegenwart*. Bd. 3, hrsg. von Hans Dieter Betz, Don S. Browning, Bernd Janowski und Eberhard Jüngel, Sp. 718-720. 4. Aufl. Tübingen: Mohr Siebeck.

Stendahl, Krister. 1976. The Apostle Paul and the Introspective Conscience of the West. In *Paul among Jews and Gentiles and other Essays*, hrsg. von Krister Stendahl, 78-96. Philadelphia, Pa.: Fortress Press.

Swartley, Willard M. (Hrsg.). 1992. *The Love of Enemy and Nonretaliation in the New Testament*. Louisville, Ky.: Westminster John Knox Press.

Terrien, Samuel. 2003. *The Psalms. Strophic Structure and Theological Commentary*, Grand Rapids, Mich.: Eerdmans.

Theißen, Gerd und Annette Merz. 2001. *Der historische Jesus. Ein Lehrbuch*. 3. Aufl. Göttingen: Vandenhoeck & Ruprecht.

Weaver, Dorothy J. 1992. Transforming Nonresistence: From Lex Talionis to "Do Not Resist the Evil One". In *The Love of Enemy and Nonretaliation in the New Testament*, hrsg. von Willard M. Swartley, 32-71. Louisville, Ky.: Westminster John Knox Press.

Weiser, Artur. 1959. *Die Psalmen I-II*. 5. Aufl. Göttingen: Vandenhoeck & Ruprecht.

Wildberger, Hans. 1980. *Jesaja. 1. Teil 1-12*. 2. Aufl. Neukirchen-Vluyn: Neukirchener Verlag.

Wolff, Hans-Walter. 1985. *Dodekapropheton 2. Joel und Amos*, 2. Aufl. Neukirchen-Vluyn: Neukirchener Verlag.

Wolterstorff, Nicholas. 2008. *Justice. Rights and Wrongs*. Princeton, NJ.: Princeton University Press.

Frieden und Gerechtigkeit
Überlegungen zu ihrem Verweisungszusammenhang im Horizont der christlichen Tradition

Roger Mielke

1 Einleitung: Frieden und Gerechtigkeit – ein Verweisungszusammenhang

Frieden und Gerechtigkeit sind im Leitbild des gerechten Friedens auf programmatische und unmittelbar einleuchtende Weise miteinander verbunden. Wo Gerechtigkeit herrscht, so die Intuition, kann Frieden gedeihen und umgekehrt, „wahrer" Frieden wird auf Gerechtigkeit angelegt sein. Allerdings: Ist schon jeder der beiden Begriffe, „Frieden" ebenso wie „Gerechtigkeit", je für sich hochgradig erläuterungsbedürftig und mit immensem begriffsgeschichtlichem Gewicht befrachtet, so wird die Komplexität durch die Zusammenstellung beider Begriffe noch gesteigert. Welcher und wessen Frieden ist gemeint und welche und wessen Gerechtigkeit? Wie ist die konzeptionelle Zuordnung, wie der Fundierungszusammenhang von Frieden und Gerechtigkeit zu beschreiben? Markiert etwa die Zusammenstellung ein bloßes additives Verhältnis oder eher ein hierarchisches? Ist Frieden der Leitbegriff, der durch das Prädikat „gerecht" näher qualifiziert wird? Oder ist Gerechtigkeit der Leitbegriff, dessen inneres *Telos* durch die Zusammenstellung mit Frieden ausgedrückt wird?

Die folgenden Überlegungen wollen dieser Frage der konzeptionellen Zuordnung von Frieden und Gerechtigkeit im Leitbild des gerechten Friedens nachgehen. Der Gedankengang wird dabei in folgender Weise entwickelt: Nach einer knappen terminologischen Einführung soll die Zuordnung von Frieden und Gerechtigkeit in der EKD-Friedensdenkschrift von 2007 „Aus Gottes Frieden leben – für gerechten Frieden sorgen" skizziert werden. Ein weiterer Abschnitt wird auf die Genealogie des gerechten Friedens seit den ökumenischen Diskursen der frühen 1980er-Jahre eingehen. Dabei wird gezeigt werden, dass diese Genealogie eng verknüpft ist mit dem „Durchbruch der Idee der globalen Menschenrechtspolitik" (Hoffmann 2017, S. 12). Der nächste Abschnitt fragt nach dem spezifischen Bezug des gerechten Friedens auf religiöse Traditionen des Christentums und die in aktuellen Bezugnahmen auf diese Traditionen wirksame Traditionshermeneutik. Ein knappes Fazit versucht Konsequenzen aufzuzeigen für einen gegenwärtig verantworteten Umgang mit dem Verweisungszusammenhang von Frieden und Gerechtigkeit. Insgesamt laufen die Überlegungen auf die These hinaus, dass mit dem Bezug des „Friedens" auf „Gerechtigkeit" ein auf empirisch höchst wandelbare Kontexte, auf konkrete Gefährdungen und Erfahrungen von Ungerechtigkeit bezogener normativer Horizont[1] aufgerufen wird. Dieser normative Überschuss kann zwar *polemogen* und konfliktverschärfend wirken, hält aber, im Zusammenhang christlicher Glaubenserfahrung und Theologie gelesen, die eschatologische Spannung des Friedensbegriffes offen. Die Zuordnung von Frieden und Gerechtigkeit bleibt damit unverzichtbar für die ethische Rechenschaft.

---

1 Zu Gerechtigkeit als „Horizontbegriff" vgl. Gräb-Schmidt (2012).

2 Ambivalenzen im Zusammenhang von Frieden und Gerechtigkeit

Die Zusammenstellung von Frieden und Gerechtigkeit im einen Term „gerechter Frieden" kann verdecken, dass es hier um zwei Begriffe geht, die im Prozess der Moderne einen jeweils unterschiedlichen Status gewonnen haben. Frieden als Ziel menschlichen Handelns kann als ein „Gut" bezeichnet werden, das mit anderen Gütern durchaus in Konkurrenz treten kann, im geschichtlichen Vergleich in höchst differenter Weise verstanden wurde (Anselm 2015; Ricken 1989 S. 88f.) und auf einen übergeordneten Gesichtspunkt angewiesen ist, der die Güterabwägung anleitet. In dieser Abwägung fungiert „Gerechtigkeit" als ein normativer Maßstab (Jähnichen 2015, S. 63), der zudem im Prozess der Moderne immer größere Distanz zum Guten und den Gütern gewann und so mehr und mehr als ein Ensemble von Verfahren konzipiert wurde, die zwischen verschiedenen Präferenzen für Güter und unterschiedlichen Konzeptionen des Guten vermitteln sollen. Die Güter und das Gute einerseits und das „Rechte" andererseits treten auseinander. Frieden als „Gut" kann in diesem Sinne eng verknüpft werden mit den Grundgütern der physischen und psychischen Unversehrtheit. Die so umrissene ethische Signatur des Friedensbegriffes wird auch im Leitbild des gerechten Friedens aufgenommen. Wir bewegen uns damit in einer Problemkonstellation, die in der Friedens- und Konfliktforschung durch die terminologische Unterscheidung eines „engen" von einem „weiten" Friedensbegriff markiert wird (Bonacker und Imbusch 2010, S. 133). Während der enge Friedensbegriff, negativ ausgerichtet an der Abwesenheit von Gewalt, positiv an der physischen und psychischen Integrität von Individuen, als deskriptiver Begriff im Kontext einer empirisch arbeitenden Wissenschaft Verwendung findet, führt der weite Friedensbegriff einen größeren normativen Horizont mit: Er ist in der Regel eingebunden in ein umfassendes Konzept guten Lebens und wohlgeordneter Sozialität. Damit ist auch die Frage aufgerufen, in welchem Sinne dieser Friedensbegriff eingebettet ist in ein Ensemble von Praktiken, Vergemeinschaftungsformen und Wissensformen, die auch religiös bestimmt sind oder zumindest sein können. Für das Leitbild des gerechten Friedens ist dieser Zusammenhang deutlich: Gerechter Friede ist einerseits gegründet in religiösen Traditionen, Praktiken und Semantiken des Friedens. Andererseits aber greift das Leitbild über diese religiöse Einbettung hinaus. Es erhebt den Anspruch, im öffentlichen Vernunftgebrauch und damit auch im Raum politischen Handelns gerechtfertigt werden zu können. In der Friedensdenkschrift wird das Leitbild mit diesem Anspruch in der Begrifflichkeit des liberalen Rechtsfriedens kantianischer Prägung ausgearbeitet.

Ohne hier auf die verwickelte und höchst heterogene Begriffsgeschichte eingehen zu können, lässt sich festhalten, dass „Gerechtigkeit" im Kontext ethischer Theoriebildungen der westlichen Moderne das normative Prinzip bezeichnet, nach welchem wechselseitig gerechtfertigte Ansprüche zur Geltung gebracht werden (vgl. etwa Meireis 2015, S. 299f.), sei es als Ansprüche von Einzelnen gegeneinander (*iustitia commutativa*), sei es als Ansprüche der Einzelnen gegenüber einem Kollektiv oder einer Gemeinschaft, der die Einzelnen zugehörig sind (*iustitia distributiva*).

Frieden als materiales Handlungsziel, als Gut und Wert, und Gerechtigkeit als normatives Prinzip gerechtfertigter Ansprüche ergänzen einander in dem Sinne, dass das grundlegende Gut der körperlichen und psychischen Integrität auch den grundlegenden wechselseitigen Anspruch von Individuen und Assoziationen innerhalb sozialer Beziehungen markiert. Wo diese Ansprüche in der Realität des sozialen Lebens in Ausgleich gebracht sind, wird der Verweisungszusammenhang von Frieden und Gerechtigkeit unproblematisch sein. Umgekehrt werden aber Frieden und Gerechtigkeit dort in Spannung zueinander treten, wo im Namen der Gerechtigkeit Gewalt ausgeübt wird, oder aber um des Friedens willen gerechtfertigte Ansprüche von Individuen oder Assoziationen nicht zur Geltung gebracht werden. Die Forderung nach Gerechtigkeit kann ebenso *polemogen* wirken wie ein falscher Frieden, der faktische Gewaltverhältnisse und Ungerechtigkeit verschleiert. In dieser Konstellation wird Zusammenhang von Frieden und Gerechtigkeit zum Problem. Diese Ambivalenz gilt es im Weiteren im Blick zu behalten.

3 Frieden und Gerechtigkeit in der EKD-Friedensdenkschrift 2007

Die Friedensdenkschrift entwickelt das Leitbild des gerechten Friedens ausgehend von den Erfahrungen der Friedensgefährdung (EKD 2007, Ziff. 8-24), die immer Erfahrungen von Ungerechtigkeit und menschlichem Leiden sind: Genannt werden etwa die globale „Verteilungsungerechtigkeit" (EKD 2007, Ziff. 10), ökologische Bedrohungen, Staatszerfall, Waffenhandel und Terrorismus. Dem setzt die Friedensdenkschrift eine Besinnung auf das Friedenszeugnis und die Friedenspraktiken der Kirche entgegen:

> „Bei aller Vielgestaltigkeit und Unterschiedlichkeit, die das Engagement von Christen und Kirchen für den irdischen Frieden kennzeichnet, geht es immer zurück auf Gottes Verheißung und Gebot und ihren gemeinsamen Glauben. In ihm ist eine umfassende Deutung des menschlichen Lebens im Verhältnis zu Gott, zum Mitmenschen und zum gesellschaftlichen Zusammenleben enthalten" (EKD 2007, Ziff. 36).

Der biblische Verweisungszusammenhang von Frieden und Gerechtigkeit, die sich „wechselseitig interpretieren" (EKD 2007,

Ziff. 77), zielt auf Gerechtigkeit, die „Kategorie einer sozialen Praxis der Solidarität (ist), die sich vorrangig den Schwachen und Benachteiligten zuwendet" und „sich letztlich im Gebot der Nächsten-, ja Feindesliebe" erfüllt und damit auf eine „soziale Praxis zunehmender Inklusion und universaler Anerkennung" zielt (EKD 2007, Ziff. 77). Hier wird deutlich, wie das Leitbild des gerechten Friedens das biblische Ethos der Gemeinschaftsgerechtigkeit für das liberale Prinzip der wechselseitigen Anerkennung in Anspruch nimmt. Gerechtigkeit wird so zu einer umfassenden Qualifikation von Akteuren, Strukturen und Prozessen. Sie äußert sich – tugendethisch – in den zum Frieden gebildeten Individuen und Gemeinschaften (EKD 2007, Ziff. 50-55), sie zeigt sich in Institutionen und Regeln (EKD 2007, Ziff. 80), die gerechtfertigte Ansprüche gewährleisten, und sie wird wirksam in Verfahren der Anspruchserhebung und kommunikativen Aushandlung und Durchsetzung von Ansprüchen. Von hier aus werden die „Dimensionen" des gerechten Friedens entwickelt, die material etwa den „Grundgütern" der Gerechtigkeitskonzeption von John Rawls (Rawls 2003, S. 271ff.) oder den „Elementargütern" in der Konzeption von Alan Gewirth (zit. nach Düwell 2002, S. 157ff.) entsprechen: Schutz vor Gewalt (EKD 2007, Ziff. 81), Förderung der Freiheit (EKD 2007, Ziff. 82), Abbau von Not (EKD 2007, Ziff. 83) und, als Reflex der kommunitaristischen Debatte nicht unumstritten, Anerkennung kultureller Verschiedenheit (EKD 2007, Ziff. 84).

4 Frieden und Gerechtigkeit im Kontext

Die Friedensdenkschrift von 2007 resümiert mit dieser Konzeption einen ökumenischen Diskurs, der in den christlichen Kirchen in den 1980er-Jahren begann und seinerseits eingebettet war in umfassendere gesellschaftliche und politische Umbrüche, die auch die moralischen Legitimitätsgrundlagen des Politischen betrafen (EKD 2007, Ziff. 73). Die pointierte und programmatische Zusammenstellung von Gerechtigkeit und Frieden begegnete erstmalig im Rahmen der Vollversammlung des ÖRK im Jahr 1983 in Vancouver, als Mitglieder der Delegation des Bundes der Evangelischen Kirchen in der DDR unter Berufung auf Dietrich Bonhoeffer die Einberufung eines Friedenskonzils forderten. In den Beratungen einigte man sich darauf, einen „konziliaren Prozeß gegenseitiger Verpflichtung auf Gerechtigkeit, Frieden und Bewahrung der Schöpfung" einzuleiten. Die Ökumenischen Versammlungen in Dresden und Magdeburg der Jahre 1988/89 nahmen diesen Prozess auf und die europäische ökumenische Versammlung in Basel 1989 verdichtete dies, schon mitten in den epochalen Umwälzungen der Auflösung der Blockkonfrontation, zur Losung „Frieden in Gerechtigkeit", die dann Eingang fand in die nächste Vollversammlung des ÖRK im Jahr 1990 in Seoul. Die dort formulierten zehn „Grundüberzeugungen" (Texte vgl. Grotefeld 2006, S. 480ff., zum Ganzen: Kunter 2006, S. 271) markieren den Zusammenhang von Frieden und Gerechtigkeit genauer, etwa in der „Grundüberzeugung VI": „Wir bekräftigen den Frieden Jesu Christi. Die einzig mögliche Grundlage für einen dauerhaften Frieden ist Gerechtigkeit (Jes 32,17)." Dort wird auch die Praxis „aktiver Gewaltfreiheit" als politisches Instrument zur Durchsetzung von Gerechtigkeit bekräftigt. „Grundüberzeugung X" stellt den Zusammenhang zum menschenrechtlichen Gerechtigkeitsbegriff (vgl. Lohmann 2017, S. 158; 2002) her: „Gerechtigkeit und Menschenrechte sind untrennbar miteinander verbunden". „Grundüberzeugung II" erweitert diesen Zusammenhang auf die Fragen der globalen Verteilungsgerechtigkeit: „Wir (müssen) heute erkennen, dass die Bedürfnisse der ‚Geringsten' nur (dadurch) befriedigt werden können, dass die Strukturen der Weltwirtschaft grundlegend verändert werden." Im Rahmen der Vollversammlung des ÖRK 1998 in Harare kam es dann zur Ausrufung der „Dekade zur Überwindung von Gewalt" in den Jahren 2001 bis 2010. Dieser Weg wurde fortgesetzt etwa in der Friedenskonvokation von Kingston (2011) oder in der Einladung zur *Pilgrimage of Justice and Peace* in Busan (2013). Interessant ist dabei auch, wie die ökologische Frage, die berühmten Formel „Bewahrung der Schöpfung", in den Gerechtigkeitsbegriff inkorporiert wurde und in der jüngsten Phase der ökumenischen Bewegung unter dem Schlagwort der „Klimagerechtigkeit" begegnet.

Diese Entwicklungen können hier nur in aller Kürze angesprochen werden, sollen aber gleichwohl in den Kontext jüngerer Versuche gestellt werden, das Aufkommen des menschenrechtlichen Gerechtigkeitsbegriffes in den 1970er- und 1980er-Jahren nachzuzeichnen (Moyn 2010, 2015; Eckel 2014; Fassin 2011; Hoffmann 2010). Samuel Moyn wies darauf hin, dass die eigentliche Karriere der Menschenrechte als Legitimationsmuster globaler, die Nationalstaaten übergreifender Politiken erst in den 1980er-Jahren begann (vgl. Moyn 2010). Die Antworten auf die genozidalen Gewaltausbrüche des 20. Jahrhunderts seien eher in der Stärkung der an den Nationalstaat gebundenen Bürgerrechte zu suchen. Auch die antikolonialen Bewegungen fanden ihre Spitze mehr in Narrativen der politischen Selbstbestimmung als in denen einer globalen und universalen Moral, die vielfach als typisch westliches Politikmuster verstanden worden sei, das kulturelle Eigenständigkeit postkolonialer Gesellschaften eher bedrohte als ermöglichte. Auch der Rekurs auf die universalen Menschenrechte als Mittel und Berufungsinstanz gegen genozidale Massengewalt sei neueren Datums und als Reaktion auf das Versagen der westlich dominierten internationalen Institutionen gegenüber den Gewaltexzessen in Ruanda und im jugoslawischen Bürgerkrieg zu verstehen. Mit Moyn beschreibt Stefan-Ludwig Hoffmann diesen Prozess der Durchsetzung eines „Idealismus der Menschenrechte" als individueller Anspruchsrechte und den damit einhergehenden *Ethical Turn* des Völkerrechts (Koskenniemi 2002) als einen Reflex auf das Scheitern der großen Fortschrittserzählungen der westlichen Moderne und der damit einhergehenden Fragmentierung der internationalen Ordnung und der Schwächung der globalen Institutionen. Hoffmann resümiert: „Das gewaltsame Scheitern der Zukunftsvorstellungen des 20. Jahrhunderts wird seit den 90er Jahren zur negativen Begründungsgrundlage des Menschenrechtsidealismus unserer Gegenwart" (Hoffmann 2017, S. 18). Hoffmann spitzt seinen Gedankengang darauf zu, dass die Durchsetzung des Menschenrechtsparadigmas auch einer der Indikatoren sei für eine fundamentale Verschiebung der Zeiterfahrungen am Beginn des 21. Jahrhunderts. Wenn sich Zukunft als „Erwartungshorizont" (Reinhart Koselleck) schließe, bleibe ein reiner *Präsentismus*, der von Erfahrungen gegenwärtigen Leidens dominiert sei, auch die Erinnerungskulturen in sich aufsauge und zu einem „moralischen Interventionismus" führen könne, der die Gefahr der Gewalteskalation sogar eher steigern könne. Im Kontext dieser Genealogie des gerechten Friedens können wir diese „Ambivalenz des Guten" (Eckel 2014) durchaus in den Spannungen zwischen dem Gut des Friedens und der Norm der Gerechtigkeit wiedererkennen. An anderer Stelle hat Samuel Moyn (2015) detailliert nachgezeichnet, in welcher Weise die christlichen Kirchen als maßgebliche transnationale Akteure beteiligt waren an der Durchsetzung der menschenrechtlichen Gerechtigkeitskonzeption.

5   Traditionshermeneutik

Die Frage ist, ob Hoffmanns gerade skizzierte Diagnose eines *Präsentismus* der menschenrechtlichen Gerechtigkeitskonzeption auch das Leitbild des gerechten Friedens trifft. Die Pointe von

Hoffmanns Argumentation liegt darin, dass im Rahmen dieses Präsentismus historische Narrative konstruiert werden, die die normativen Prinzipien der Gegenwart in dazu passend konstruierte Vergangenheiten reprojizieren. Nun liegt oder lag dem Leitbild des gerechten Friedens eine Geschichtstheologie der eschatologischen Spannung zugrunde: Die Hoffnung auf den noch ausstehenden Frieden Gottes findet ihren Grund in dem als gegenwärtige „Gabe" gleichwohl schon erfahrbaren Frieden. Die Orte, an denen dieser Friede erlebt werden kann, liegen in der Liturgie, in der Eucharistie, im Wort Gottes, in der kirchlichen Communio, in sozialen Praktiken des Friedens und der Versöhnung (EKD 2007, Ziff. 39f.). Diese Spannung des „eschatologischen Vorbehalts" lebt damit auch von einer spezifischen „Temporalitätsstruktur" der christlichen Gemeinschaft, die immer auch als Praxis einer „Anamnesis", eines vergegenwärtigenden und in die Zukunft hinein ausgespannten Gedenkens, zu beschreiben ist. „Gerechter Frieden" als Leitbild kirchlicher Friedensethik schöpft aus einer Friedensspiritualität und hat damit, solange diese Praktiken im Zentrum des Lebens der kirchlichen Gemeinschaft stehen und nicht von moralpolitischem Aktivismus verzehrt werden, ein starkes Korrektiv gegenüber den „Regimes of Historicity" (Hartog 2015) des *Präsentismus*. Gleichwohl bleibt die Frage, in welcher Weise diese Dimension der geschichtlich gesättigten Praktiken des Friedens in gegenwärtiger friedensethischer Rechenschaft ausgewiesen wird, die Frage nach der spezifischen Traditionshermeneutik, die dem Leitbild des „gerechten Friedens" zu eigen ist[2]. Ein theologisch verankertes und verantwortetes Leitbild des gerechten Friedens kann nicht ohne diese spezifischen Traditionsbezüge gedacht werden. So gefasst, kann „Tradition" (1. Kor 15,3) zunächst verstanden werden als

---

2   Zu dieser Frage insgesamt: Ulrich (2007, bes. S. 200ff.) unter dem Leitbegriff der „ethischen Exploration" und Pieper (2015).

Übergabe und Übernahme des Grundbekenntnisses des Glaubens: Jesus Christus, gestorben und auferstanden nach der Schrift. Neben diesem inhaltlichen Aspekt ist „Tradition" aber auch und wesentlich als *Vorgang* des Tradierens zu verstehen. Dieser Vorgang ist selbst eingebettet in eine durch und durch „partikulare" Praxis, ein komplexes Geflecht von Bekenntnis, Dogma, Ritual und Lebensführung. Dieses Ensemble von Praktiken umfasst Wissensformen, „Artefakte" (Kirchen und Klöster, liturgische Bücher, Handschriften und Bibeln, Kruzifixe und Konfirmationsanzüge) und körperbezogene Verhaltensmuster (vgl. Reckwitz 2010). Tradition als Vorgang und Ensemble von Praktiken arbeitet, weil sinnbezogen, immer mit Selektionen aus dem Gesamtbestand des geschichtlich Vorgegebenen. So sind kontextabhängig sehr unterschiedliche Traditionsanbindungen möglich. In Bezug auf die Verbindung von Frieden und Gerechtigkeit kannte die Geschichte der Christenheit bellizistische Kriegstheologien, pazifistische Friedenstheologien und mannigfaltige Vermittlungsformen eingehegter, mandatierter Gewalt (*potestas/auctoritas*). Dieser jeweilige und spezifische Zusammenhang von Frieden und Gerechtigkeit kann nicht einfach und linear aus normativen Texten rekonstruiert werden, er muss vielmehr immer im Zusammenhang der umfasseneren Wissensordnungen (Geschichtstheologien, Anthropologien, Begriffe des Politischen etc.) und der jeweiligen sozialgeschichtlichen Kontexte nachgezeichnet werden. Wenn gegenwärtig nach dem Zusammenhang, dem Koordinations- oder Spannungsverhältnis von Frieden und Gerechtigkeit gefragt wird, ist der besondere Kontext unseres gegenwärtigen Fragens zu bedenken. Das Leitbild des gerechten Friedens hat seinen Standort an der unscharfen Grenze zwischen religiösen Akteuren und politischen Prozessen in einer „modernen" pluralistischen Gesellschaft, es zehrt von seinen religiösen Einbettungen, die es gleichzeitig auch zu überschreiten beansprucht. Es ist doppelcodiert in religiöser und „säkularer" Sprache, es trägt diskursive Muster der einen Sphäre in die der anderen hinein – ohne doch angemessen als „Übersetzung" beschrieben werden zu können, weil die Leistungsfähigkeit des einen Sprach- und Argumentationsmusters nicht ohne substantielle Verluste in diejenige des anderen zu übertragen ist.

In der Sprache soziologischer Differenzierungstheorie ausgedrückt: Wo im Zuge funktionaler Differenzierung der modernen (westlichen) Gesellschaften das religiöse Legitimationsbedürfnis politischer Herrschaft schwächer wird, ohne doch ganz zu erlöschen, wo die gesellschaftlichen Teilsysteme Politik und Religion nur noch lose gekoppelt sind, werden Selektionen aus Traditionsbeständen möglich, die unter den (vormodernen und frühneuzeitlichen) Bedingungen einer engen strukturellen Kopplung von Religion und Politik unwahrscheinlich und marginalisiert waren. Die Autonomie des religiösen Teilsystems und des ihm eigenen Orientierungshorizonts ermöglicht es religiösen Akteuren, gerade im Rahmen ihrer besonderen Sozialformen politisch relevante soziale Praktiken zu entwickeln (Schimank 2000, S. 241ff.), die für das politische System zwar nicht ohne weiteres und im Rahmen der eigenen Handlungslogik anschlussfähig sind, aber doch politische Konsequenzen haben (können) – und sei es als Irritationen.

Andererseits eröffnet gerade gesellschaftlicher und politischer Pluralismus neue Möglichkeiten für eine erst in diesem Pluralismus plausible Vielfalt differenter starker und dichter Begriffe des Guten. Als einen derartigen „dichten" Begriff des Guten kann man auch den „gerechten Frieden" verstehen. Gerade dort, wo, unter den Bedingungen der westlichen Moderne und eines inkommensurablen Pluralismus von Lebensformen, der Begriff der Gerechtigkeit in erster Linie prozedural verstanden wird und dem universalisierbar „Rechten" der Vorrang vor dem immer nur partikularen „Guten" eingeräumt wird, können Ideen des „guten Lebens" und eines wohlgeordneten Gemeinwesens, die ihren Ort in – aus der Perspektive der liberalen Ordnung betrachtet – partikularen Gemeinschaften haben, eine bedeutende Ressource des Politischen sein. Sie haben zumindest grundsätzlich das Potential, das Politische davor zu bewahren, in exekutiven Praktiken zu erstarren. Allerdings gilt es, die Schattenseite des Partikularen als Gefährdung immer präsent zu halten: Die Gefährdung dieses Partikularismus von Lebensentwürfen, die auf starken und dichten Ideen des Guten beruhen, wird darin liegen, in Homogenität abzugleiten und damit selbst wieder *polemogen* zu wirken. Auch am Leitbild des „gerechten Friedens" lässt sich diese besondere Gestalt der „Ambivalenz des Guten" erkennen. Dieser Ambivalenz wird man allerdings nur um den Preis der Neutralisierung ihrer umso bedeutenderen Ressourcen entgehen können.

6 Biblische Quellen und kirchliche Traditionen zum Verweisungszusammenhang von Frieden und Gerechtigkeit

In traditionshermeneutischer Perspektive wird es nicht darum gehen, dass biblische Texte eine Begründungsfunktion für das Leitbild des gerechten Friedens im strengen Sinne haben. Die Funktion der biblischen und kirchlichen Traditionen ist eine andere. Sie sind Teil des Ensembles von Praktiken, in denen auch der gerechte Friede verankert ist. Ihre normative Funktion liegt darin, Praxis rückzubinden an den Traditionszusammenhang. Damit spielen sie Differenz und einen Überschuss von Möglichkeiten in die, zur Selbstschließung tendierenden, im engeren Sinne politischen Praktiken ein. Diese Kraft kommt insbesondere den biblischen Texten zu, die als gottesdienstliche Lesungen, als Referenzpunkt der Spiritualität von Gruppen und Individuen eine beständige

Quelle von Inspiration und Erneuerung bleiben. An wenigen ausgewählten Punkten soll das Potential dieses Traditionsbezuges exemplarisch aufgewiesen werden – ohne in irgendeiner Form den Anspruch auf Vollständigkeit erheben zu wollen.

6.1 Das Alte Testament

Für das Alte Testament ist die Bedeutung von Gerechtigkeit als Ethos der Solidarität und Gemeinschafts- oder Bundestreue hervorzuheben. Referenzpunkt der Gerechtigkeit ist der von Gott gnädig gewährte Bund mit seinem Volk. Gerechtigkeit in diesem Sinne der Gemeinschaftsgerechtigkeit ist gleichursprünglich und koextensiv mit dem Frieden als Schalom, als heilsame und heilvolle Ordnung gelingenden Lebens in Gemeinschaft von Schöpfer und Geschöpf, von Gott, Mensch und Mitkreaturen. Ps 85,11 versammelt die Leitbegriffe dieses Wortfeldes: Güte und Treue, Gerechtigkeit und Frieden. Gleichzeitig spiegeln Geschichtstheologien und Anthropologien der hebräischen Bibel die abgründige Bedrohung durch destruktive Gewalt. Im Geschichtsbild des kanonischen Textes steht der Brudermord in Gen 3 am Beginn einer Spur von Gewalt, die durch die Erwählung Israels und den Bund hindurch die Möglichkeit menschlicher Sozialität (und die politische Lebensform Israels) zutiefst in Frage stellt: Die deuteronomisch-deuteronomistische Theologie und die Schriftpropheten sprechen vom schuldhaft gebrochenen Bund. Gerechtigkeit ist hier nur denkbar als von Gott nur schöpferisch neu gewährte Gerechtigkeit, als „Rechtfertigung" (so vor allem bei Deuterojesaja) und letztlich als eschatologische Kategorie (vgl. Feldmeier und Spieckermann 2011, v. a. S. 287ff. und Witte 2012, S. 61).

6.2 Das Neue Testament

Für den neutestamentlichen Zusammenhang von Frieden und Gerechtigkeit steht die schöpferische, „rechtfertigende", Gerechtigkeit zusprechende und somit ermöglichende Herrschaft Gottes in Jesus Christus im Zentrum. Diese Herrschaft zeigt sich im Gekreuzigten und Auferstandenen als leidende Liebe. In der Botschaft des Matthäusevangeliums eröffnen die Seligpreisungen Jesu den „Handlungsraum der Gerechtigkeit als sozialen Raum symbolischer und materieller Kommunikation, dessen Sozialbeziehungen ‚Gerechtigkeit' und dadurch Königsherrschaft Gottes sind" (Bormann 2012). Die in der messianischen Praxis Jesu, in Kreuz und Auferstehung geschehene Versöhnung, so beschreibt Paulus es in 2Kor 5,19-21, stiftet Frieden zwischen Gott und Mensch (Röm 5,1) und beruft eine Gemeinschaft von Menschen, die im Frieden leben und für den Frieden einstehen. James McClendon (2002, S. 309) fasst, aus baptistischer Tradition kommend, zusammen:

> "This […] is the sense in which […] Jesus was a pacifist. He evoked and guided a program of nonviolent action that transformed human conduct for its participants. The core of that program lies in the Sermon on the Mount (Matth. 5-7; cf. Luke 6:20-49); it was inwardly but also outwardly oriented; its theme was love of enemies; its focus, in light of God´s mighty signs and the inbreaking of the end, was the building of a community that could survive the dying of an old age while with its Lord it anticipated the new."

6.3 Kirchliche Traditionen

Für die ersten Jahrhunderte der Christenheit lässt sich eine deutliche Ablehnung der Teilhabe von Christen an kriegerischer Gewalt feststellen – obwohl staatliche Autorität und deren Auftrag, den Frieden im Sinne des „engen" Friedensbegriffes zu erhalten, anerkannt werden. Erst die nach der sogenannten „konstantinischen Wende" und der Eroberung Roms durch die Vandalen im Jahr 410 eingetretene tiefe Krise der politischen Ordnungsvorstellungen der westlichen Christenheit löste eine Neubesinnung aus, die ihren bedeutendsten Ausdruck in der Geschichtstheologie Augustins fand (Huber 1983, S. 621f.). In „De civitate dei" entwickelt Augustin auch unter Aufnahme der durch Cicero vermittelten stoischen Tradition ein Modell des Friedens, das zwischen dem eschatologischen „himmlischen" Frieden Gottes (*pax caelestis*) und dem zeitlichen „irdischen" Frieden (*pax terrena*) unterscheidet. Von Gott mandatierte Aufgabe der politisch verfassten Herrschaft ist es, den irdischen Frieden zu erhalten oder wiederherzustellen. Gewalt wird hier als erlaubtes und gebotenes Mittel der legitimen Herrschaft gesehen und damit die Bahn beschritten, die später zu systematisierten Vorstellungen eines Krieges im Namen der Gerechtigkeit, eines *bellum iustum*, führt. Thomas von Aquin und Martin Luther etwa bewegen sich, wenn auch mit bedeutenden Variationen – Inkorporation der aristotelischen Ethik und Politik bei dem einen und Aufnahme des spätmittelalterlichen nominalistischen Voluntarismus bei dem anderen – in den Denkstrukturen dieses Modells.

Auf ein besonders eindrückliches und exemplarisches Modell der Zuordnung von Frieden und Gerechtigkeit sei hier eigens verwiesen: Der *Ludus de Antichristo*, ein geistliches Spiel des 13. Jahrhunderts, spiegelt die hochmittelalterlichen Auseinandersetzungen um politische Legitimität weltlicher Herrschaft und deren geistliche Rückbindung. Das Politische wird eingezeichnet in das apokalyptische Drama zwischen dem erlösenden Handeln Gottes, dessen Mandatar der römische Kaiser ist, und dem Widersacher. Der Autor des geistlichen Spiels legt dem „Antichristen", dem eschatologischen Feind Gottes und der göttlichen Ordnung, die Losung *pax et securitas* in den Mund, Frieden und Sicherheit sind die leeren Versprechen des Feindes Gottes. Im *Ludus* legt der römische Imperator aus falsch verstandener Demut die Insignien seiner kaiserlichen Macht auf den Altar nieder und zieht sich damit aus seinem ihm von Gott verliehenen Auftrag zurück, eine die Völker umfassende Ordnung gerechter Herrschaft zu erhalten. Der Antichrist besetzt den leeren Ort der Macht und lässt sich von den Königen des Erdkreises huldigen. Im Augenblick ihres Triumphes aber zerbricht die Fassade der angemaßten Herrschaft, das Reich des Antichristen zerfällt und seine Anhänger fliehen: „[…] als er zusammenstürzt und all die Seinen fliehen", erhebt die Kirche das Gotteslob: „Sagt unserem Gott Lob."

Der *Ludus de Antichristo* lässt sich als ein Summarium christlicher Geschichtstheologie lesen, in dem sich antike, altkirchliche und mittelalterliche Traditionen der Rede von Frieden und Gerechtigkeit emblematisch verdichten. Der „falsche" Friede beruht nach diesem Konzept auf der Lüge, er zerbricht an seinen inneren Widersprüchen, seine Sicherheit *(securitas)* ist Illusion. Der wahre Friede ist in der von Gott gestifteten und in der Struktur des Kosmos verankerten Ordnung *(ordo)* gegründet. Dieser Friede hat ontologische Priorität vor der Gewalt. Die Ecclesia repräsentiert diesen wahren Frieden: Ihr Auftreten im Spiel wird begleitet von der Barmherzigkeit *(misericordia)* zur Rechten und der Gerechtigkeit *(iustitia)* zur Linken. In dieser Perspektive des geistlichen Spiels begegnen sich Frieden und Gerechtigkeit als komplementäre Begriffe, die einen untrennbaren Verweisungszusammenhang bilden: Frieden ist an Gerechtigkeit gebunden, oder er ist kein Frieden, vielmehr nur höchst fragile *securitas*. Gerechtigkeit ist hier Inbegriff für einen Ordnungszusammenhang, der Akteure, Strukturen und Prozesse umfasst, in dem alles seinen Ort hat und kein Antagonismus entstehen kann. Diese kosmologische Dimension, zutiefst verankert in biblischer Überlieferung und antiken

Traditionen, bleibt dem im Horizont des Evangeliums verstandenen Begriff der Gerechtigkeit zu eigen – bis heute.

6.4 Neuzeitlicher Gestaltwandel des Zusammenhangs von Frieden und Gerechtigkeit

Grundsätzliche Neuerungen gegenüber diesem mehr als ein Jahrtausend prägenden und bis heute wirksamen Argumentationsmuster brachten erst die frühneuzeitlichen Verschiebungen von Wissensordnungen, sozialen Strukturen und politischen Praktiken (vgl. etwa Milbank 2006, 1991). In Aufnahme der nominalistischen Denkfiguren wurden die politischen Ordnungsmodelle davon gelöst, auf „das Gute" durch Teilhabe an einem kosmischen Ordnungszusammenhang ausgerichtet zu sein. Die Konzepte politischer Ordnung wurden auf die Figur der Selbsterhaltung des einzelnen Seienden, der *conservatio sui*, umgestellt. Robert Spaemann nannte dies treffend, und mit modernitätskritischer Zuspitzung, die „Inversion der Teleologie" (Spaemann 1990, S. 61). Die frühneuzeitlichen Souveränitätstheorien (beginnend mit Jean Bodin) gingen Hand in Hand mit der Ausbildung von Territorialität und Staatlichkeit im modernen Sinne des Wortes. Das in der „westfälischen" Ordnung verankerte „Recht" der souverän werdenden politischen Einheiten, die sich Schritt für Schritt in „moderne" Territorialstaaten umwandelten, Kriege zu führen, war an die Verpflichtung zur Selbsterhaltung des Staatswesens geknüpft. Der Zusammenhang von Frieden und Gerechtigkeit wird aus dem antiken, altkirchlichen und mittelalterlichen kosmologischen Gefüge gelöst.

Am Fundament des politischen Liberalismus standen bei Thomas Hobbes eine Ontologie und Anthropologie der Gewalt als „Naturzustand". Trotz der „aristotelischen" Gegenbewegungen etwa

Frieden und Gerechtigkeit in der christlichen Tradition   71

bei Georg Wilhelm Friedrich Hegel oder in Teilen der Sozial- und Staatsphilosophie der Gegenrevolution zehrten und zehren die Ordnungsvorstellungen des politischen Liberalismus bis heute von diesen nominalistischen Voraussetzungen und denken das Gefüge von Frieden und Gerechtigkeit konsequent *kontraktualistisch* von den Interessen der vertraglich zum Gemeinwesen zusammentretenden Individuen her und *prozeduralistisch* als Verfahren der wechselseitigen Anerkennung von Individuen, die sich als freie und gleiche respektieren.

Das gegenwärtig für den Zusammenhang von Frieden und Gerechtigkeit so bedeutsame „menschenrechtliche Gerechtigkeitsverständnis" (Lohmann 2017) führt Elemente der christlichen Tradition und des klassischen Naturrechts mit den Leitbegriffen des Liberalismus zu einer durchaus spannungsvollen Einheit (Joas 2015) zusammen, die ihre politische Gestaltungskraft bewiesen hat und konstruktiv, aber nicht ohne tiefgreifende Ambivalenzen, auf Rechtsetzung, Staatlichkeit und auch die internationale Ordnung eingewirkt hat. Trotz mancher Kritik an den Menschenrechten als einem Konzept des westlichen Individualismus nimmt das menschenrechtliche Gerechtigkeitsverständnis den Zusammenhang von Frieden und Gerechtigkeit auf: Individualität und Sozialität werden ebenso aufeinander bezogen, wie Fragen des Umgangs mit den natürlichen Lebensgrundlagen („Nachhaltigkeit", „Klimagerechtigkeit") Teil des Konzepts sind.

7   Kriterien für einen Frieden in Gerechtigkeit?

Wir resümieren: Das Leitbild des gerechten Friedens, wie es in der Friedensdenkschrift 2007 formuliert ist, nimmt über die „Dimensionen des gerechten Friedens" (Schutz vor Gewalt, Abbau von Not,

Förderung von Freiheit, Gewährleistung kultureller Vielfalt) Elemente der mit dem weiten Friedensbegriff verbundenen biblischen und kirchlichen Traditionen auf. Die oben benannte „Ambivalenz des Guten" wird man auf diesem Wege des gerechten Friedens nicht in Eindeutigkeit hinein auflösen, wohl aber argumentativ ausweisen können. Nur zwei Aspekte dieser Ambivalenz seien abschließend genannt.

In den Kriterien für den Einsatz rechtserhaltender Gewalt als ultima ratio unter den Voraussetzungen einer UN-Mandatierung oder der Selbstverteidigung beziehungsweise Nothilfe lebt die Kriteriologie der Tradition des gerechten Krieges weiter – von ihrem Anspruch her richtig zu verstehen als ein Instrument zur strikten Gewaltbegrenzung. Über das auch in der Friedensdenkschrift gewürdigte Konzept *der Responsibility to Protect*, angemessen nur verstanden in seiner Vollständigkeit in der Trias von *Responsibility to Prevent, to React, to Rebuild*, kommen allerdings neue Spannungen zwischen Frieden und Gerechtigkeit auf. Für skeptische Beobachterinnen und Beobachter zeichnen sich darin die durchaus bedrohlichen Konturen eines optimistischen liberalen menschenrechtlichen Interventionismus ab, der kriegerische Konflikte eher verschärft als verhindert. Andere sehen gerade unter Bedingungen eines forcierten Pluralismus neue Möglichkeiten und Spielräume für eine Hochschätzung der strikt gewaltfreien Traditionen des Christentums, besonders weil und wenn diese Traditionen verankert sind in der gemeinschaftlichen Praxis ebenso lokaler wie transnationaler Netzwerke religiöser Akteure. Diese können als zivilgesellschaftliche Kräfte für soziale Praktiken des Friedens und der Versöhnung einstehen und – neben staatlichen Akteuren und solchen der internationalen Gemeinschaft – spezifische und differente Politikmuster entwickeln (Bonacker 2007, S. 90f.). Im Feld dieser pluralen und ausdifferenzierten Akteurskonstellationen können religiös gegründete oder mit religiösen Motivationsfaktoren versehene Praktiken und Wissensformen einen wichtigen Raum einnehmen und dauerhaft Ressourcen für die Entwicklung von Politiken bereitstellen, die Frieden und Gerechtigkeit verbinden – auch wenn staatliche Politiken Fragen von Sicherheit und Frieden weiter (und in naher Zukunft vielleicht verstärkt?) mit militärischen Mitteln werden bearbeiten müssen.

Gerade im Rahmen dieser und anderer Aspekte der Ambivalenz des Zusammenhangs von Frieden und Gerechtigkeit zeigt sich, dass auf den normativen Horizont eines Friedens in Gerechtigkeit nicht verzichtet werden kann. Sein normativer Überschuss hält den geschichtlichen Horizont offen, der sich angesichts des *Präsentismus* des Zeitregimes der Spätmoderne zu schließen droht. Vielleicht liegt darin der entscheidende Beitrag des christlichen Glaubens und seiner theologischen Reflexionsformen. Von hier aus wird eine Gestalt des Politischen beschreibbar, die ihren Ort im Zwischenraum zwischen der *Depotenzierung* des Politischen zu bloßen exekutiven Praktiken der *Governance* und der ständig drohenden Selbsttotalisierung als Machtpolitik haben kann. Auf einer anderen, nicht weniger drängenden Problemebene, geht es in diesem Zwischenraum auch darum, der fatalen Alternative von Moralinflation eines humanitären Interventionismus und Moraldeflation der politischen Selbstbehauptung ein Drittes entgegenzustellen.

Literatur

Anselm, Reiner. 2015. Güter/Güterlehre. In *Evangelische Ethik kompakt. Basiswissen in Grundbegriffen*, hrsg. von Reiner Anselm und Ulrich H. J. Körtner, 80-87. Gütersloh: Gütersloher Verlagshaus.

Bonacker, Thorsten. 2007. Der fragmentierte Frieden. Peacebuilding in der entgrenzten Weltgesellschaft. *Zeitschrift für Genozidforschung* 8 (1): 78-99.

Bonacker, Thorsten und Peter Imbusch. 2010. Zentrale Begriffe der Friedens- und Konfliktforschung: Konflikt, Gewalt, Krieg, Frieden. In *Friedens- und Konfliktforschung. Eine Einführung*, hrsg. von Peter Imbusch und Ralf Zoll, 67-142. 5. Aufl. Wiesbaden: VS Verlag.

Bormann, Lukas. 2012. Gerechtigkeitskonzeptionen im Neuen Testament. In *Gerechtigkeit*, hrsg. von Markus Witte, 69-97. Tübingen: Mohr-Siebeck.

Dabrock, Peter. 2015. Werte und Normen. In *Evangelische Ethik kompakt. Basiswissen in Grundbegriffen*, hrsg. von Reiner Anselm und Ulrich H. J. Körtner, 228-234. Gütersloh: Gütersloher Verlagshaus.

Düwell, Marcus. 2002. Handlungsreflexive Moralbegründung. In *Handbuch Ethik*, hrsg. von Marcus Düwell, Christoph Hübenthal und Micha Werner, 152-162. Stuttgart: J. B. Metzler.

Eckel, Jan. 2014. *Die Ambivalenz des Guten. Menschenrechte in der internationalen Politik seit den 1940ern*. Göttingen: Vandenhoeck & Ruprecht.

EKD. 2007. *Aus Gottes Frieden leben – für gerechten Frieden sorgen. Eine Denkschrift des Rates der EKD*. Gütersloh: Gütersloher Verlagshaus.

Fassin, Didier. 2011. *Humanitarian Reason. A Moral History of the Present*. Berkeley: University of California Press.

Feldmeier, Reinhard und Hermann Spieckermann. 2011. *Der Gott der Lebendigen*. Tübingen: Mohr-Siebeck.

Fitschen, Klaus, Siegfried Hermle, Katharina Kunter, Claudia Lepp und Antje Roggenkamp-Kaufmann. 2014. *Die Politisierung des Protestantismus. Entwicklungen in der Bundesrepublik Deutschland in den 1960er und 70er Jahren*. Göttingen: Vandenhoeck & Ruprecht.

Forst, Rainer. 2013. The Normative Order of Justice and Peace. In *Justice and Peace. Interdisciplinary Perspectives on a Contested Relationship*, hrsg. von Gunther Hellmann, 69-89. Frankfurt a. M.: Nomos.

Gräb-Schmidt, Elisabeth. 2012. Gerechtigkeit systematisch-theologisch. In *Gerechtigkeit*, hrsg. von Markus Witte, 125-155. Tübingen: Mohr Siebeck.
Grotefeld, Stefan, Matthias Neugebauer, Jean Daniel Strub. 2006. *Quellentexte theologischer Ethik: Von der Alten Kirche bis zur Gegenwart.* Stuttgart: Kohlhammer.
Hartog, Francois. 2015. *Regimes of Historicity. Presentism and Experiences of Time.* New York: University of Columbia Press.
Hoffmann, Stefan-Ludwig. 2010. *Moralpolitik. Geschichte der Menschenrechte im 20. Jahrhundert.* Göttingen: Vandenhoeck & Ruprecht.
Hoffmann, Stefan-Ludwig. 2017. Rückblick auf die Menschenrechte. *Merkur* 71 (812): 5-20.
Huber, Wolfgang. 1983. Art. Frieden V. Kirchengeschichtlich und ethisch. In *Theologische Realenzyklopädie.* Bd. 11, hrsg. von Gerhard Müller, 618-643. Berlin: De Gruyter.
Jähnichen, Traugott. 2015. Gerechtigkeit. In *Evangelische Ethik kompakt. Basiswissen in Grundbegriffen*, hrsg. von Reiner Anselm und Ulrich H. J. Körtner, 63-71. Gütersloh: Gütersloher Verlagshaus.
Joas, Hans. 2015. *Die Sakralität der Person. Eine neue Genealogie der Menschenrechte.* Berlin: Suhrkamp.
Koskenniemi, Martti. 2002. The Turn to Ethics in International Law. http://www.helsinki.fi/eci/Publications/Koskenniemi/Ethics.pdf. Zugegriffen: 10.10.2017.
Kunter, Katharina. 2006. *Erfüllte Hoffnungen und zerbrochene Träume. Evangelische Kirchen in Deutschland im Spannungsfeld von Demokratie und Sozialismus (1980-1993).* Göttingen: Vandenhoeck & Ruprecht.
Lohmann, Friedrich. 2002. *Zwischen Naturrecht und Partikularismus. Grundlegung christlicher Ethik mit Blick auf die Debatte um eine universale Begründbarkeit der Menschenrechte.* Berlin: De Gruyter.
Lohmann, Friedrich. 2017. Die friedensethische Bedeutung der Kategorie Gerechtigkeit. In *Handbuch Friedensethik*, hrsg. von Ines-Jacqueline Werkner und Klaus Ebeling, 151-161. Wiesbaden: Springer VS.
Ludus de Antichristo, https://drive.google.com/file/d/0B156z8KV7bH-aDdoaHU2NEJBTVU/view . Zugegriffen: 10.10.2017.
McClendon, James W. 2002. *Ethics: Systematic Theology* Vol. 1. 2. Aufl. Nashville, Tenn.: Abingdon Press.

Meireis, Torsten. 2015. Ethik des Sozialen. In *Handbuch der Evangelischen Ethik*, hrsg. von Wolfgang Huber, Torsten Meireis und Hans-Richard Reuter, 265-329. München: C. H. Beck.

Milbank, John. 1991. "Postmodern Critical Augustinianism". A Short Summa in Forty-Two Responses to Unasked Questions. *Modern Theology* 7 (3): 225–37.

Milbank, John. 2006. *Theology and Social Theory. Beyond Secular Reason*. 2. Aufl. Malden, Ma.: Wiley-Blackwell.

Moyn, Samuel. 2010. *The Last Utopia. Human Rights in History*. Cambridge, Ma.: Belknap Press.

Moyn, Samuel. 2015. *Christian Human Rights*. Philadelphia: University of Pennsylvania Press.

Pieper, Josef. 2015. *Überlieferung. Begriff und Anspruch*. Kevelaer: Butzon & Bercker.

Rawls, John. 2003. *Politischer Liberalismus*. Frankfurt a. M.: Suhrkamp.

Reckwitz, Andreas. 2010. Grundelemente einer Theorie sozialer Praktiken, In *Unscharfe Grenzen. Perspektiven der Kultursoziologie*, hrsg. von Andreas Reckwitz, 97-130. 2. Aufl. Bielefeld: transcript.

Ricken, Friedo. 1989. *Allgemeine Ethik*. 2. Aufl. Stuttgart: Kohlhammer.

Schimank, Uwe. 2000. *Theorien gesellschaftlicher Differenzierung*, 2. Aufl. Opladen: Leske und Budrich.

Spaemann, Robert. 1990. *Reflexion und Spontaneität. Studien über Fenelon*. 2. Aufl. Stuttgart: Klett-Cotta.

Stählin, Wilhelm. 1958. Das Spiel vom Antichrist. In *Symbolon. Vom gleichnishaften Denken*, hrsg. von Wilhelm Stählin, 480-495. Stuttgart: Evangelische Verlagsanstalt.

Ulrich, Hans G. 2007. *Wie Geschöpfe leben. Konturen evangelischer Ethik*. 2. Aufl. Münster: Lit.

Witte, Markus. 2012. Von der Gerechtigkeit Gottes und des Menschen im Alten Testament. In *Gerechtigkeit*, hrsg. von Markus Witte, 37-67. Tübingen: Mohr-Siebeck.

Zwischen Frieden und Gerechtigkeit
Dimensionen eines Spannungsverhältnisses

Matthias Dembinski

1 Einleitung: Beschreibung des Spannungsverhältnisses

Das Verhältnis zwischen Frieden und Gerechtigkeit wird nicht nur in kirchlichen Traditionen seit langem intensiv ausgeleuchtet. Es wurde und wird auch in der deutschen und internationalen Friedensforschung ausführlich thematisiert. Allein die Beiträge zum Begriff des Friedens füllen Regale. Und die Gerechtigkeit bildet seit Platon und Aristoteles das zentrale Thema der politischen Theorie und wird darüber hinaus in einer Reihe sozialwissenschaftlicher Disziplinen als empirisches Phänomen in der Breite erforscht. Noch komplexer und widersprüchlicher gestaltet sich das Verhältnis zwischen beiden. Ist das Eine Teil des Anderen, wie es die bekannte Bestimmung des Friedens von Ernst-Otto Czempiel (1972) als Prozess abnehmender Gewalt und zunehmender sozialer Gerechtigkeit suggeriert? Oder ist die Gerechtigkeit die Bedingung des Friedens? Kann es Frieden in einer Situation gravierender Ungerechtigkeit geben? Und darf in einer solchen Situation eine vorübergehende Einschränkung des (negativen) Friedens in Kauf genommen werden, um der Gerechtigkeit zum Durchbruch zu verhelfen und den wahren Frieden zu schaffen? Zustimmend beantwortet wurde diese Frage Anfang der 1970er-Jahre von der sogenannten revolutionären Konfliktforschung. Ihre Vertreter argumentierten, es könne gerechtfertigt sein, direkte Gewalt (von unten etwa durch anti-koloniale Befreiungsbewegungen) einzusetzen, um strukturelle Gewalt zu beseitigen und einen gerechten Frieden zu schaffen (Dencik 1971, ähnlich auch Krippendorff 1968). Eine zweite Perspektive bestimmt seit den 1990er-Jahren unter den Stichworten humanitäre militärische Intervention beziehungsweise *Responsibility to Protect* (R2P) die Debatte. Dabei geht es um die Frage, ob, wann und wie ein zwangsbewehrtes Einschreiten der „internationalen Gemeinschaft" zum Schutz fundamentaler Menschenrechte legitim oder sogar geboten sein könnte (Brock 2002, S. 108). Oder ist die humanitäre Intervention ein Oximoron, weil sie nur zu mehr Ungerechtigkeit und Leid führt? Schließlich ist mit Hans Kelsen (2000 [1953]) zu fragen, ob die Gerechtigkeit nicht so unbestimmt und umstritten ist, dass die Forderung nach ihr permanent Anlass zum Unfrieden gäbe und stattdessen das positive Recht in den Vordergrund treten sollte? Die Debatte des Verhältnisses zwischen beiden zentralen Zielgrößen umfassend darzustellen, erscheint unmöglich; sie sinnvoll einzugrenzen, äußerst schwierig. Dennoch versucht dieser Beitrag, ausgehend vom Referenzpunkt der Denkschrift „Aus Gottes Frieden leben – für gerechten Frieden sorgen" (EKD 2007), einige Schneisen in diese Diskussion zu schlagen und aus Sicht der Forschung die Überlegungen der Denkschrift zu kommentieren. Er konzentriert sich auf die Frage, was zu tun ist, wenn beide in ein Spannungsverhältnis geraten. Auch wenn Spannungen zwischen Frieden und Gerechtigkeit häufig auftreten, spricht viel dafür, dieses Verhältnis in Bezug auf die Frage zu diskutieren, ob und wann eine Einschränkung des „faulen Friedens" hinnehmbar ist, um schreiende Ungerechtigkeit zu beseitigen. Im Folgenden will ich zunächst kurz die Argumentationslinien der Denkschrift darstellen, danach zentrale Ergebnisse der Forschung zu diesem Spannungsverhältnis referieren und auf dieser Grundlage die Denkschrift kommentieren und einordnen.

2 Das Spannungsverhältnis in der kirchlichen Diskussion: Die Denkschrift des Rates der Evangelischen Kirche in Deutschland

Die Denkschrift stellt zunächst in Anknüpfung an Czempiel die Gerechtigkeit und den Frieden in einen engen Zusammenhang. Sie setzt dabei bei den biblischen Traditionen an, in denen der gerechte Frieden einen Zustand bezeichnet, in dem Frieden und Gerechtigkeit untrennbar verbunden sind. Das ist unmittelbar eingängig, denn der gerechte Frieden beschreibt dort das Ideal einer umfassenden Wohlordnung. Mit diesem Bezug konzipiert die Denkschrift den gerechten Frieden als Leitbild, der politisches Handeln nicht direkt anleiten, sondern auf das Ziel einer besseren Welt hin orientieren soll (EKD 2007, Ziff. 75). Ein solcher Frieden ist zweifellos erstrebenswert. Und ein Frieden, der mit der gerechten Verteilung von Gütern und der umfassenden Anerkennung von Ansprüchen die zentralen Ursachen von Konflikten beseitigt, scheint stabiler als ein ungerechter Frieden. Die Denkschrift als ethisches Konzept ist nun bemüht, im real bestehenden Zustand dieser Welt Orientierung zu geben und so geraten auch die Blockaden und Spannungsverhältnisse zwischen Frieden und Gerechtigkeit in den Blick (EKD 2007, Ziff. 80). Zunächst scheint sie der Gerechtigkeit den Vorrang einzuräumen. In Übereinstimmung mit liberalen Grundprämissen, die vom gleichen moralischen Wert eines jeden Individuums ausgehen, postuliert sie, der gerechte Friede müsse

„immer und in jeder seiner Dimensionen auf der Achtung der gleichen menschlichen Würde aufbauen" (EKD 2007, Ziff. 79). Im Kern meint dies die Gewährung von Menschenrechten – ein universaler und unteilbarer Standard, der neben dem Recht auf Leben und Unversehrtheit auch bürgerliche Freiheitsrechte und politische Teilhaberechte einschließe (EKD 2007, Ziff. 88f.). Zwar anerkennt die Denkschrift kulturelle Verschiedenheit (EKD 2007, Ziff. 84) und betont die Kontextsensibilität bei der Konkretisierung dieser Rechte. Dennoch schimmert der partikulare Charakter dieser substantiellen Gerechtigkeitskonzeption durch. In der Antwort auf die eingangs gestellte Frage, inwieweit in einer Situation manifester Ungerechtigkeit, in der menschliches Leben in Würde massiv durch staatliche Repression oder bürgerkriegerische Gewalt gefährdet ist, eine Einschränkung des (faulen) Friedens im Namen der Gerechtigkeit zulässig wäre, nimmt die Denkschrift den Vorrang der Gerechtigkeit ein gutes Stück zurück. So insistiert sie zwar darauf, dass das jedem Menschen zustehende Recht auf Schutz seiner Würde in Grenzsituationen auch militärisch verteidigt werden kann (Hoppe und Werkner 2017; EKD 2007, Ziff. 98). Sie rechnet aber der Souveränität und Selbstbestimmung staatlich organisierter Gemeinwesen einen hohen moralischen Wert zu. Und sie will Entscheidungen über derartige Fragen nicht von moralischen Abwägungen und naturrechtlichen Standards abhängig machen, wie sie etwa in der Lehre vom gerechten Krieg formuliert werden (Brock 2010, S. 5), sondern nach der Verfahrenslogik des positiven Völkerrechtes treffen. Sie setzt dabei in Analogie zur Bändigung der Gewalt und Mediatisierung der Macht durch das Recht im Inneren (demokratischer Rechts-) Staaten darauf, dass es mit Hilfe des positiven Rechts auch auf zwischenstaatlicher Ebene gelingen werde, das Recht des Stärkeren durch die Stärke des Rechts zu ersetzen und so der Gerechtigkeit zum Durchbruch zu verhelfen.

Die Denkschrift begründet die Abkehr vom Leitbild des gerechten Krieges zum einen damit, dass eine Basis allgemeinverbindlicher Gerechtigkeitsmaßstäbe, die im traditionellen Naturrecht in Form des *Corpus Christianum* denkbar war, spätestens mit der Reformation zerfallen sei (EKD 2007, Ziff. 100). Zum anderen sei es gelungen, das sich in der frühen Neuzeit bahnbrechende freie Kriegsführungsrecht durch ein positives Recht der Gewaltdämmung einzuhegen und schließlich mit dem umfassenden Gewaltverbot der Charta der Vereinten Nationen zu überwinden. Die Denkschrift argumentiert zwar, es bedürfe einer Ethik des Völkerrechts und damit eines nicht-positiven Standards als Korrektiv. Allerdings entfaltet sie diesen Gedanken nicht hinreichend (EKD 2007, Ziff. 85). Um Entscheidungen im Spannungsverhältnis zwischen Frieden und Gerechtigkeit zu orientieren, führt die Denkschrift die Kriterien der gerechten Kriegslehre wieder ein. Diese Argumentation, soviel sei an dieser Stelle vorweggenommen, ist ebenso widersprüchlich wie angreifbar. Denn wenn die Basis allgemeinverbindlicher Gerechtigkeitsmaßstäbe verfallen wäre, könnte der gerechte Frieden nicht als ethisches Leitbild dienen. Und wenn sich eine solche Basis etwa auf der Grundlage universeller Menschenrechte rekonstituieren ließe, würde sich die Absage an die Lehre vom gerechten Frieden nicht mehr auf diese Begründung stützen können. Außerdem unterschätzt die Denkschrift das Ausmaß der Durchdringung des positiven Völkerrechts durch Machtstrukturen und die Dringlichkeit eines Gerechtigkeitsstandards, der zwar universal zustimmungsfähig, aber dennoch vom positiven Recht unterschieden ist.

3 Der Frieden

Der Friedensbegriff und das Verhältnis zur Gerechtigkeit werden in der Forschung bis heute intensiv debattiert (vgl. etwa Brock 1990). In der Frühphase der deutschen Friedensforschung zielten die meisten Arbeiten darauf, den Begriff des negativen Friedens, verstanden als Abwesenheit von organisierter physischer Gewalt, zu öffnen. Neben Czempiels Vorschlag fand insbesondere der Ansatz Johan Galtungs Zustimmung. Dieser wehrte sich dagegen, einem Zustand, der sich zwar durch die Abwesenheit direkter, personaler Gewalt, gleichzeitig aber durch schreiende Ungerechtigkeit und Repression auszeichnet, uneingeschränkt das Prädikat des Friedens zu verleihen. Daher unterschied er zwischen der direkten physischen Gewalt und der strukturellen Gewalt, verstanden als gesellschaftlich vorenthaltene Chance auf Entfaltung und Glück, und stellte diesen Zuständen von Gewalt die Begriffe des negativen und des positiven Friedens gegenüber (vgl. Galtung 1971). Letzterer korrespondiert mit sozialer Gerechtigkeit, ersterer hat die Bedeutung von institutionell vermittelter Ungerechtigkeit. In der Forschung ist seitdem wieder ein Bemühen um begriffliche Fokussierung und Unterscheidungsfähigkeit zu beobachten. Tatsächlich wurde die Öffnung des engen Friedensbegriffs mit einer erheblichen analytischen Unschärfe erkauft. So fordert der Begriff des positiven Friedens als Realisierung der historisch möglichen Chance auf Entfaltung und Glück geradezu zur ständigen Erweiterung und Entgrenzung auf. Er geht über das Politikfeld der Sicherheit hinaus und lässt sich auf die nie vollständig erreichbare Gerechtigkeit im sozialen und wirtschaftlichen Bereich, in der Familie, zwischen Generationen und Geschlechtern, im sexuellen Bereich, gegenüber der Natur und der Tierwelt ausdehnen. Ein solcher Friedensbegriff ist zur Unterscheidung nicht mehr fähig. Vor allem ist der positive Frieden ebenso wie der Begriff des Friedens als Prozess zunehmender Gerechtigkeit und abnehmender Gewalt analytisch nicht fruchtbar. Denn ihm gerät die eigentlich spannende Frage nach dem kausalen Verhältnis zwischen Frieden und Gerechtigkeit aus dem Blick.

Stattdessen schlagen neuere Arbeiten vor, den Frieden einerseits auf seinen Kern zu beschränken, nämlich die Abwesenheit organisierter physischer Gewaltanwendung zwischen Kollektiven (Schlotter und Wisotzki 2011, S. 24). Frieden kann dann als Gegenbegriff zu Krieg verstanden werden, sei es in Form des Bürgerkrieges oder des internationalen Krieges beziehungsweise der Mischform des internationalisierten Bürgerkrieges. Andererseits ist es sinnvoll, am Prozesscharakter des Friedens festzuhalten, das heißt Zustände fragilen Friedens wie eine Situation unmittelbar vor dem Krieg oder die reine Abschreckung von Situationen der verlässlichen Abwesenheit von organisierter Gewalt unterscheiden zu können (vgl. Müller 2003). Mit Hilfe dieses dynamischen Elements lässt sich der Frieden als Prozess konzipieren, ohne ihn durch weitere Merkmale wie Gerechtigkeit aufladen zu müssen. Ein solcher Friedensbegriff ist nicht nur handhabbarer und unterscheidungsfähiger als der positive Frieden. Er ist auch analytisch fruchtbarer, weil er es erlaubt, den Frieden als Variable zu konzipieren, Frieden und Gerechtigkeit in ein kausales Verhältnis zueinander zu setzen und so das eine als Erklärung des anderen in den Blick zu nehmen.

4 Die Gerechtigkeit

Sehr viel schwieriger ist die Bestimmung dessen, was unter Gerechtigkeit zu fassen ist. In erster Annäherung lässt sie sich verstehen als normativer Standard, an dem sich das Handeln einzelner Personen sowie gesellschaftliche Ordnungen beurteilen lassen. Eine Ordnung ist dann gerecht, wenn jede das erhält, was ihr zusteht, also

Gleiches gleich und Ungleiches ungleich behandelt wird. Bereits das ist nicht wenig, denn es hebt eine gerechte Ordnung von ihrem Gegenteil ab: der Willkürherrschaft, in der allein Macht und Interesse darüber entscheiden, wie Verteilungskonflikte gelöst werden. Allerdings bleibt die konkrete Füllung des Rechtes unterbestimmt, sie kann zeitlich und örtlich variieren und selbst zu einem gegebenen Zeitpunkt und an einem gegebenen Ort mit guten Gründen umstritten sein. Ist es etwa hier und heute gerecht, dass Güter nach dem Prinzip der Bedürftigkeit, dem Senioritätsprinzip oder dem Leistungsprinzip verteilt werden? Und selbst wenn Einigung über ein Verteilungsprinzip herstellbar wäre, wie wäre es in konkreten Situationen umzusetzen? Und wenn bereits in einem Land die Bestimmung der Gerechtigkeit so schwerfällt, wie steht es um die Chance der Einigung auf Gerechtigkeitsstandards innerhalb der kulturell und normativ heterogeneren Weltgesellschaft?

Es bieten sich grundsätzlich zwei Herangehensweisen an das Problem der Gerechtigkeit. Die politische Theorie versucht, verallgemeinerungsfähige Gerechtigkeitsprinzipien zu formulieren, denen Akteure vernünftigerweise zustimmen können. Die empirische Gerechtigkeitsforschung, die vor allem in der Sozialpsychologie, der Organisationssoziologie oder der experimentellen Ökonomie vertreten ist, will die Gerechtigkeitsvorstellungen realer Akteure ermitteln.

4.1 Gerechtigkeit in der politischen Theorie

Der folgende Überblick beschränkt sich auf Vertreter liberaler politischer Theorien, welche die Grundprämisse der moralischen Gleichheit aller Menschen teilen. Zwischen ihnen ist in den letzten Dekaden eine inhaltliche Konvergenz in den Antworten auf die Frage beobachtbar, wie innerhalb von Gemeinschaften Gerechtigkeitsprinzipien zu bestimmen seien. Breite Zustimmung findet hier die Methodik und das Postulat des Philosophen John Rawls (1971), wonach Ungleichheit nur insoweit tolerierbar ist, als sie zum Nutzen der am wenigsten begünstigten Durchschnittsperson wirkt. Umstritten ist aber, ob und in welcher Form Gerechtigkeit jenseits staatlicher Grenzen denkbar ist und inwiefern die Durchsetzung globaler Gerechtigkeitsstandards in ein Spannungsverhältnis zum Frieden geraten kann. Universalistischen Positionen zufolge ist diese Erweiterung innerstaatlicher Gerechtigkeitsprinzipien zwingend. Frühe Beiträge postulierten sogar eine gleiche moralische Verpflichtung gegenüber jedem Menschen, ganz unabhängig von sozialen und funktionalen Beziehungen (Singer 1972). Mit der von Rawls (1971) eingeleiteten „institutionellen Wende" setzte sich die Auffassung durch, Gerechtigkeit sei ein Merkmal von institutionalisierter Ordnung oder der „basic structure of society", definiert als „the way in which the main political and social institutions of a society fit together into one system of social cooperation, and the way they assign basic rights and duties and regulate the division of advantages that arise from social cooperation over time" (Rawls 2001, S. 10). Universalistische Positionen argumentieren, mit der Globalisierung und dem globalen Regieren habe sich diese *basic structure of society* entgrenzt (Beitz 1975; Pogge 2010). Weil globale Institutionen Menschen in ein Austauschverhältnis setzten und über die Verteilung von Nutzen und Kosten des Austausches beziehungsweise über Armut und Reichtum bestimmten, entstünde ein Gebot für globale Gerechtigkeit, das sich an dem von Rawls für den innerstaatlichen Bereich entwickelten Standard zu orientieren habe. Das Gerechtigkeitspostulat begründe sowohl Pflichten zur fairen Verteilung wirtschaftlicher Güter als auch zur Verteidigung grundlegender Menschenrechte. Die Verteidigung letzterer notfalls auch mit militärischen Mitteln erzeugt das Spannungsverhältnis mit dem Frieden. Denn auch wenn Individuen Träger von Gerechtigkeitsansprüchen seien, könnten Staaten zu Agenten dieser Hilfe werden, vorausgesetzt, so die klassische universalistische Position, sie seien ihrerseits demokratisch legitimiert und es sei folglich zu erwarten, dass die Hilfe nicht durch machtpolitische Motive konterkariert werde (Buchanan 2004). Vor dem Hintergrund des Streits über die Legitimität und Legalität der Intervention im Kosovo, hält Buchanan (2004, S. 445) ein „more permissive law regarding humanitarian intervention" für notwendig. Weil er bezweifelt, dass dies auf gewohnheitsrechtlichem Wege gelingen könne, betrachtet er Rechtsbrüche von Koalitionen gleichgesinnter Staaten als zulässig, um ein normativ reicheres Rechtssystem zu schaffen. „Being willing to act illegally to make a very unjust system more just need not be inconsistent with a commitment to justice through law; it may indeed be required by it" (Buchanan 2004, S. 462). Ihm zufolge könne die Gerechtigkeit dem Frieden vorgehen und beide wieder in einer besseren (Rechts-)Ordnung versöhnt werden. Die Voraussetzung, damit dies gelingen kann, formuliert er auch. Er wehrt sich nämlich gegen die These, die Welt sei gekennzeichnet durch fundamentale Unterschiede in moralischen Überzeugungen, und es gäbe keine Chance der Herausbildung eines substantiellen moralischen Konsenses auf globaler Ebene.

An dieser Stelle meldet eine zweite Position entschiedenen Widerspruch an. Der Gegenentwurf der Partikularisten stützt sich im Wesentlichen auf zwei Argumente. Das erste lautet, Moral sei immer situiert: Moralische Erwägungen setzten eine gemeinsame Sprache, gemeinsame Narrative und eine gemeinsame Kultur voraus (MacIntyre 1984; Walzer 1983). Folglich seien Anstrengungen, die auf den Erhalt dieser Infrastrukturen von Moralität zielen, auch dann moralisch rechtfertigbar, wenn sie Nichtmitglieder dieser Gemeinschaft diskriminieren (Miller 1995). Andere argumentieren, die Realisierung von Gerechtigkeit sei an spezifische Institutionen wie den Staat gebunden, die Güter und Mitspracherechte autoritativ verteilen (Nagel 2005). Das zweite Argument baut darauf auf und bezweifelt die von Buchanan erwartete Herausbildung eines substantiellen moralischen Konsenses. Stattdessen sei die Welt durch einen tiefen normativen Pluralismus gekennzeichnet, und Gesellschaften sollten in der Lage sein, selbstbestimmt ihre eigenen Gerechtigkeitsprinzipien weiterzuentwickeln (Walzer 1983). In besonders prägnanter Weise formulierte der Politikwissenschaftler Chandran Kukathas (2006) die Konsequenzen dieser Argumentation aus: Globale Gerechtigkeit sei eine gefährliche Illusion. In einer normativ fragmentierten Welt sei die Durchsetzung derartiger Standards auf machtvolle Staaten oder effektive und zwangsbewehrte supranationale Organisationen angewiesen. Sobald die Entscheidungsträger großer Staaten versuchten, im Sinne einer globalen Moral aktiv zu werden, so bereits die Einsicht von Hans Morgenthau (1963, S. 56), ende das Engagement aufgrund partikularer Verengungen und Hybris in der Regel in humanitärem Desaster. Und supranationale Organisationen entfalteten den notwendigen *pull* nicht aus sich selbst heraus, sondern seien von den machtpolitischen Interessen großer Staaten geprägt und von ihnen abhängig. Die Durchsetzung sich universell gebender Gerechtigkeitsstandards gehe also auf Kosten der Selbstbestimmungsfähigkeit von Gemeinschaften, die dem normativen Anpassungsdruck entweder ausweichen oder sich wehren. Die Folge: „At best, appeals to justice, particularly when institutionalized, may simply serve as a cover or pretext for intervention in the affairs of people unwilling to accept ethical standards other than their own. At worst, such appeals may serve as pretexts for war" (Kukathas 1996, S. 12). Statt globale Gerechtigkeit mit Hilfe machtvoller und zwangsbewehrter Institutionen durchsetzen zu wollen, sprechen sich Partikularisten für die Tolerierung normativer Differenz aus. Der Frieden geht bei ihnen also systematisch der Gerechtigkeit vor. Auch Rawls' Beitrag „Law of Peoples" (1999), der oft als Mittelweg eingestuft wird, bewegt sich in deutlich größerer Nähe zu partikularen als zu universalen Positionen. Er räumt zwar ein, dass sich mit der Globalisierung die Reichweite der *basic structure of a society* und folglich der Gerechtigkeit erweitert hat, hält aber daran fest, dass damit nicht die politische Autorität von Staaten als Garant individueller Freiheits- und kollektiver Selbstbestimmungsrechte erodiert ist. Weil Staaten weiterhin die primäre Struktur für die Erfüllung individueller Gerechtigkeitsforderungen darstellen und in ihren normativen Orientierungen differierten, käme es darauf an, die Verhältnisse *zwischen* ihnen gerecht zu gestalten. Dabei sei zwischenstaatliche Gerechtigkeit auf basale Prinzipien wie Vertragstreue, Gleichheit und Nichteinmischung zu beschränken. Sein Plädoyer, Staaten als Träger von basalen Gerechtigkeitsansprüchen auch dann anzuerkennen, wenn einige von ihnen individuelle Freiheitsrechte nicht sichern, erscheint aus liberaler Perspektive überraschend. Rawls verteidigt diese Entscheidung, indem er auf die oben angesprochene Spannung zwischen Ordnung und Gerechtigkeit verweist, die im Gegensatz zur nationalen auf der internationalen Ebene entstehe. Im Zentrum des Streits der liberalen politischen Theorie steht also die Möglichkeit der Universalisierbarkeit partikularer Gerechtigkeitsvorstellungen. Umstritten ist dabei nicht, dass ein moralischer Minimalismus eher auf globale Zustimmung hoffen könnte als der Versuch der globalen Durchsetzung substantieller liberaler Menschenrechtskonzeptionen. Ungeklärt ist zum einen, wie anspruchsvoll Gerechtigkeitskonzeptionen sein können, um global auf Zustimmung hoffen zu können, zum anderen, ob über die Zeit eine Angleichung von Gerechtigkeitskonzeptionen zu erwarten ist und welche institutionellen Strukturen und Verfahren eine solche Angleichung substantieller Konzeptionen begünstigt oder verhindert. Diese Fragen sind aber nicht normativer, sondern empirischer Natur. Mit ihnen setzt sich die empirische Gerechtigkeitsforschung auseinander.

4.2 Gerechtigkeit in der empirischen Forschung

Die empirische Gerechtigkeitsforschung interessiert sich dafür, was konkrete Individuen für gerecht halten und wie sie auf Ungerechtigkeit reagieren. Drei ihrer Ergebnisse sind für diese Fragestellung relevant. Erstens übt Gerechtigkeit und das Bedürfnis nach gerechter Behandlung eine starke handlungsleitende Kraft aus. Das Gefühl gerechter Behandlung motiviert soziales Verhalten; auf ungerechte Behandlung reagieren Individuen mit destruktivem Verhalten wie Verweigerung, Sabotage oder Selbstschädigung. Zweitens unterscheidet diese Forschung zwischen den zwei Dimensionen der distributiven und prozeduralen Gerechtigkeit. Erstere bezeichnet die Muster der Verteilung materieller und immaterieller Güter, letztere die Fairness der Verfahren, die zu Verteilungsentscheidungen führen. Dabei stehen beide Dimensionen in einer Wechselwirkung dergestalt, dass Defizite in der einen Dimension durch die Stärke der anderen ausgeglichen werden können. So sind Akteure eher bereit, Verteilungsentscheidungen zu akzeptieren, die nicht ihre ursprünglichen Erwartungen entsprechen, wenn sie die Verfahren, die zu dieser Entscheidung führten, für fair halten. John Thibaut und Laurens Walker (1975) sehen die Fairness dieser Verfahren vor allem durch Mitspracherechte der Betroffenen oder *process control* gewährleistet. Andere wie Gerald Leventhal (1980) nennen einen Katalog von beobachtbaren Merkmalen dieser Prozesse wie etwa die Neutralität von Entscheidungsträgern. Drittens zeigt diese Forschung mit zwei Modellen, warum Gerechtigkeit für Individuen wichtig ist. Ein interessenbasiertes Modell geht von eigennutzorientierten Akteuren aus, die auf Kooperation mit anderen angewiesen sind, um ihre Ziele zu erreichen. Nach diesem ist Gerechtigkeit ein geteilter Standard für die Verteilung gemeinsam produzierter Gewinne und reguliert so soziale Interaktion. Das *group value*-Modell geht davon aus, dass Identität sozial konstruiert ist und Individuen von der fairen oder unfairen Behandlung in Gruppen und durch Autoritäten auf ihren Status schließen. Beide sprechen dem Sinn für Gerechtigkeit eine soziale Funktion zu. Er erleichtert die Verteilung gemeinschaftlich produzierter Güter, erlaubt es Akteuren, einen Platz in sozialen Hierarchien zu finden und Autorität zu akzeptieren (Tyler und Smith 1998, S. 612). Es sei also von einer entwicklungsgeschichtlichen Ko-Evolution von Gerechtigkeit und sozialen Praktiken bzw. Gemeinschaftsbildung auszugehen und folglich von der Bindung von Gerechtigkeitsvorstellungen an gemeinschaftliche Praktiken. Gerechtigkeit ist offenbar in allen kulturellen Zusammenhängen zentral, aber Gemeinschaften haben jeweils verschiedene Verständnisse von Gerechtigkeit (Tyler und Smith 1998, S. 619; zu den Befunden einschlägiger ethnologischer Untersuchungen vgl. Henrich et al. 2004). Diese Forschung untersucht das Verhalten von Individuen in kleinen Gruppen. Dennoch legen Experimente und theoretische Überlegungen den Schluss nahe, dass sich diese Ergebnisse, wenn auch in abgestufter Form, auf die Beziehungen zwischen größeren Gruppen und Staaten übertragen lassen (vgl. hierzu Dembinski 2017, S. 6f.). Dabei sind Gemeinwesen eher bereit, basale Rechte von Fremden zu akzeptieren, als die im Inneren geltenden Muster der Verteilung von Gütern auf sie auszudehnen. Diese Übertragungsmechanismen lassen vermuten, dass Gerechtigkeit auch im internationalen System eine Rolle spielt. Denn mit der Globalisierung ist ein internationales System von kooperativer Praxis entstanden, und es wäre überraschend, wenn Akteure es nicht auf ihren Gerechtigkeitsgehalt hin befragten. Dabei wird die Gerechtigkeit, auch wenn sie die Rechte von Individuen betrifft, zunächst auf zwischenstaatliche Beziehungen beschränkt bleiben. Zudem ist davon auszugehen, dass die Forderung nach globaler Gerechtigkeit der Herausbildung geteilter Gerechtigkeitsstandards vorauseilt. Die Globalisierung von Gerechtigkeit entfaltet daher eine ambivalente Wirkung. Sie kann internationale Kooperation regulieren und befördern (Albin und Druckman 2012), sich aber auch als Treiber von Konflikten erweisen (Welch 1993). Ob Gerechtigkeitsansprüche eher Kooperation befördern oder Konflikte verschärfen und Unfrieden schaffen, hängt einerseits von der Herausbildung geteilter Gerechtigkeitskonzeptionen ab. Derartige Konzeptionen lassen sich mit Hilfe einer Analyse von internationalen Resolutionen, Konventionen und ähnlicher Texte rekonstruieren. Entscheidender hängt diese Frage aber andererseits von der Fairness der Verfahren ab, die darüber bestimmen, wie allgemeine Regeln und Normen im Einzelfall angewandt werden.

5 Die Denkschrift im Lichte der Forschung zu Frieden und Gerechtigkeit

Im Folgenden soll die in der Denkschrift entwickelte Position zum Spannungsverhältnis zwischen Frieden und Gerechtigkeit mit den Ergebnissen der normativen und empirischen Friedens- und Gerechtigkeitsforschung konfrontiert werden. Zunächst scheint die zentrale Rolle, die die Denkschrift der Gerechtigkeit zuweist, richtig gewählt. Es stellt sich nämlich gegenwärtig nicht mehr die Frage, ob globale Gerechtigkeit ein Maßstab zur Bewertung politischen Handelns sein sollte. Das Argument Hans Kelsens und anderer, Gerechtigkeit solle zugunsten des positiven Rechts zurücktreten, geht an der politischen Realität vorbei. Mit der Globalisierung haben sich internationale Austausch- und Abhängigkeitsverhältnisse in einem Maße vertieft und verfestigt, so dass betroffene Akteure die Strukturen und Institutionen der globalen Arbeitsteilung daraufhin befragen werden, ob sie ihren Gerechtigkeitskonzeptionen entsprechen.

Zweitens ist das Verhältnis zwischen Gerechtigkeit und Frieden keinesfalls harmonisch und spannungsfrei. Um diese Spannungen in den Blick nehmen zu können, ist es sinnvoll, Frieden und Gerechtigkeit analytisch zu trennen und den Frieden unabhängig von weiteren Attributen wie der Gerechtigkeit als Prozess zu konzipieren.

Drittens ist die in der Denkschrift vorgeschlagene Ankopplung der Gerechtigkeit an das positive Völkerrecht einerseits verständlich, weil sie darauf zielt, den konflikttreibenden Überschuss von Gerechtigkeitsforderungen einzudämmen. Andererseits greift sie sowohl normativ als auch mit Blick auf die empirische Realität viel zu kurz. Selbst wenn man keine rechtsnihilistische Position einnimmt, wird man deutliche Unterschiede zwischen dem Recht (demokratischer Rechtsstaaten) und dem Völkerrecht konstatieren. Letzteres ist in besonderem Maße mit Macht durchtränkt. Dies gilt nicht nur für die Rechtsquellen – sowohl die positive Rechtsschaffung in Form von Verträgen als auch das Gewohnheitsrecht bleiben abhängig von der Macht und den Interessen der handelnden Staaten –, sondern auch für die Rechtsauslegung und die Rechtsdurchsetzung. Die Folge: Völkerrecht reflektiert in besonderer Weise die Machtverhältnisse und gewährt nicht einmal das basale Gerechtigkeitskriterium, demzufolge Gleiches gleich und Ungleiches ungleich zu behandeln ist. Beispielsweise legten die Staaten bei der Kodifizierung der R2P auf dem Weltgipfel 2005 *expressis verbis* fest, dass über Interventionen zur Abwehr schwerster Menschenrechtsverbrechen „von Fall zu Fall" entschieden wird. Und selbst in den Bereichen, in denen eine machtpolitische Kontamination des Rechtes am wenigsten zu erwarten wäre, wie etwa der internationalen Strafgerichtsbarkeit, kritisieren wichtige Staaten der nicht-westlichen Welt wie Südafrika doppelte Standards bei der Anwendung des Rechts und bemängeln wissenschaftliche Beobachter den politischen Einfluss des Sicherheitsrates auf die

Verfahren des Gerichtshofes (Bosco 2014). Diese Ankopplung wäre auch deshalb zu hinterfragen, weil das positive Recht das Versprechen der Gewalteindämmung nicht einlösen konnte. Die Gerechtigkeit an das positive Völkerrecht zu koppeln, würde sie also ihrer emanzipatorischen, auf eine bessere Wohlordnung drängenden Bedeutung berauben, ohne dass dieser Verlust durch den Gewinn eines Mehr an Frieden kompensiert würde. Die Denkschrift sieht diesen Einwand auch und insistiert auf dem Korrektiv einer Rechtsethik. Nur sollte sie diesen Gedanken auch konsequent entwickeln.

Viertens hängt das Leitbild gerechter Frieden und die Vorstellung, dass die Gerechtigkeit zum Frieden beiträgt und sich beide in einer Art Kreislauf gegenseitig stärken, von geteilten Gerechtigkeitsstandards ab. Ob und unter welchen Voraussetzungen sich ein Gerechtigkeitsstandard entwickelt, der einerseits universal auf Zustimmung stößt, andererseits eine kritische Distanz zum positiven Völkerrecht bewahrt, ist eine empirische Frage.

Fünftens hängt die Antwort auf diese Frage nicht nur von der Angleichung normativer Grundüberzeugungen ab. Wie oben erwähnt, gibt es eine starke theoretische Vermutung, dass die Chance auf Herausbildung und Verfestigung global geteilter Gerechtigkeitskonzeptionen von den Verfahren beeinflusst wird, die darüber entscheiden, wie allgemeine Regeln über die Verteilung von Kosten und Nutzen, Rechten und Pflichten in Einzelfällen angewandt werden. Tatsächlich betreffen Gerechtigkeitskonflikte im internationalen System oftmals nicht oder nicht nur substantielle Fragen, sondern vielmehr die Verfahren. Ein Indiz hierfür sind die Beschwerden kleiner und mittlerer Staaten über Selektivität und doppelte Standards. Diese Wahrnehmung unfairer Verfahren und der willkürlichen Anwendung globaler (Rechts-)Normen durch große Staaten ist Gift für die Chance auf die Herausbildung substantieller Gerechtigkeitsnormen auf globaler

Ebene. Denn wie könnten schwächere Staaten im Interesse der besseren Verteidigung der Menschenrechte beispielsweise durch die Einrichtung des Internationalen Strafgerichtshofs einer Einschränkung ihrer Souveränität zustimmen, wenn sie befürchten müssten, dass dieser Verzicht ausgebeutet wird? Umgekehrt wäre zu erwarten, dass faire Verfahren die Herausbildung eines solchen Konsens stützen. Dass dieser Zusammenhang eine Rolle spielt, lässt sich exemplarisch illustrieren am Beispiel der Position der Afrikanischen Union (AU) zu zwei verwandten Schutznormen: der R2P und der Normen zum Schutz von Zivilisten bei Friedenseinsätzen (*Protection of Civilians*: PoC). Letztere verpflichtet Friedenstruppen auch dann zum notfalls militärischen Schutz von Zivilisten in ihren Einsatzgebieten, wenn die Mandate ein derartiges Eingreifen nicht explizit vorsehen. Zunächst hatte die AU beiden Normen zugestimmt, vorausgesetzt sie kann über Interventionen auf dem Kontinent mit entscheiden. In Libyen wurde sie 2011 um diese Hoffnung betrogen. Statt wie von der AU gewünscht, die militärische Drohkulisse zu nutzen, um eine Verhandlungslösung herbeizuführen, nutzte die Koalition intervenierender Staaten eine Verfahrenslücke – nämlich den großen Ermessensspielraum bei der Umsetzung von Sicherheitsratsresolutionen –, um Mitsprachewünsche der AU zu unterlaufen und mit dem Regime-Change ein anderes Ziel durchzusetzen als das in der Resolution der Vereinten Nationen 1973 genannte. In der Folge distanzierte sich die AU nicht nur von der Intervention, sondern von der R2P als solcher. Ganz anders reagierte sie auf den Militäreinsatz Frankreichs und der Vereinten Nationen nach den gefälschten Präsidentenwahlen in der Elfenbeinküste 2011. Obwohl auch dieser Einsatz, der dem Mandat nach dem Schutz von Zivilisten dienen sollte, mit einem erzwungenen Regimewechsel endete, stimmte die AU dem Vorgehen zu und unterstützte weiterhin die PoC-Norm, weil sie bei den

Entscheidungen zur Umsetzung der Norm in der Elfenbeinküste vollumfänglich beteiligt war (Dembinski 2017).

Eine weitere und gravierendere Verfahrenslücke, die der willkürlichen Umsetzung globaler Schutznormen Tür und Tor öffnet, besteht im Vetorecht der fünf ständigen Mitglieder des Sicherheitsrats. Die Charta knüpft dieses Recht an die Verpflichtung, dass die Mitglieder des Sicherheitsrats „im Einklang mit den Zielen und Grundsätzen der Vereinten Nationen" handeln (Art. 24, Abs. 2). Die Handhabung der Vetomacht legt aber den Verdacht nahe, nicht das Ausmaß der Not oder die Erfolgsaussichten eines Eingreifens, sondern die machtpolitischen Interessen der ständigen Mitglieder bestimmten das Handeln der Staatengemeinschaft. Nötig sind also dringend institutionelle Reformen, die sicherstellen, dass die Entscheidungsverfahren des globalen Regierens fair sind. *Process control* oder Mitsprache der von einer Entscheidung Betroffenen wäre ein wichtiges und vermutlich unverzichtbares Element fairer Verfahren. In der Denkschrift blitzt dieser zentrale Zusammenhang bei der Diskussion eines Kriteriums der Lehre des gerechten Kriegs auf, nämlich der rechten Autorisierung. Hier beharrt die Denkschrift zunächst auf einem Mandat des Sicherheitsrates, verweist daneben aber auch auf die Möglichkeit der Mandatierung durch eine regionale Organisation kollektiver Sicherheit. Eine solche Möglichkeit (sowie die Autorisierung durch eine Mehrheitsentscheidung der UN-Generalversammlung) war im Rahmen der Diskussion um die R2P 2001 von der *International Commission on Intervention and State Sovereignty* ins Spiel gebracht worden – damals explizit mit dem Verweis darauf, dass eines der ständigen Sicherheitsratsmitglieder leichtfertig und in eigeninteressierter Absicht ein Vorgehen der Staatengemeinschaft blockieren könnte. Diese Möglichkeit ist aber schon im Konsensdokument des World Summit von 2005 nicht mehr erwähnt und kann daher kaum den Status von Völkergewohnheitsrecht beanspruchen. Daher erscheint der Hinweis auf dieses nicht-positive Rechtsverfahren in der Denkschrift wie ein Fremdkörper. Hier wäre eine systematische Entwickelung dieses Gedankens und generell der Bedeutung fairer Verfahren wünschenswert.

Sechstens müssen Entscheidungen im Spannungsverhältnis zwischen Frieden und Gerechtigkeit von nationalen Diskursgemeinschaften und Entscheidungsträgern getroffen und verantwortet werden. Hierbei könnten die Kriterien des gerechten Krieges dann Orientierung geben, wenn die normativen Grundlagen dieser Entscheidungen universell auf Zustimmung stoßen würden. Allerdings ist die Realität militärischer Interventionen mit dem Ziel der Verteidigung grundlegender Menschenrechte so widersprüchlich, dass sich aus den Kriterien heraus kaum klare Handlungsanleitungen generieren lassen. Wenn die Ausführungen der Denkschrift nicht immer überzeugen, hängt dies vor allem mit den realen Widersprüchen zusammen. Eine gewisse Undeutlichkeit entsteht bereits, weil die Denkschrift zwei Typen militärischer Intervention unterscheidet, nämlich die äußerst seltenen Einsätze zur Abwehr schwerster Menschenrechtsverbrechen wie Genoziden und die sehr viel häufigeren internationalen bewaffneten Friedensmissionen. Diese Unterscheidung macht wenig Sinn. Beide Typen überlappen sich, und bewaffnete Friedensmissionen können ebenfalls sehr robust sein, auf die Abwehr schweren Unrechts zielen und die Souveränität von Staaten einschränken. Den Erlaubnisgrund für den ersten Typus fasst die Denkschrift eng und beschränkt ihn auf einen einsetzenden Genozid oder vergleichbare Massenverbrechen. Eine solche Festlegung stellt die empirische Forschung mit dem Argument in Frage, der Beginn eines Genozids oder anderen Massenverbrechens sei kaum zweifelsfrei erkennbar. Und wenn ein Genozid begonnen habe, sei es für eine Intervention oftmals zu spät (Pape 2012). Unscharf und mit Blick auf die Folgen problematisch ist die Forderung, dass beide Typen von Interventionen nur als äußerstes Mittel erwogen werden dürfen und nur, nachdem andere Mittel wie wirtschaftliche Sanktionen ausgeschöpft sind. Wann alle anderen Mittel ausgeschöpft sind, ist in der realen Welt kaum zu beantworten. Zudem steht diesem Postulat die immer wieder geäußerte Vermutung entgegen, dass gerade ein frühzeitiges militärisches Eingreifen eine Eskalation der Gewalt vermeiden kann (Vgl. Seybold 2007, S. 273). Schließlich hatten Sanktionen oftmals katastrophale Folgen gerade für die zu schützende Zivilbevölkerung. Ob gezielte Sanktionen effektiv sind und weniger Kosten für die Zivilbevölkerung mit sich bringen, muss sich erst erweisen. Ähnlich widersprüchlich ist die Forderung nach *local ownership*. Sie ist einerseits allein deshalb nachvollziehbar, weil es gilt, den Eindruck von Fremdherrschaft zu vermeiden. Andererseits läuft sie in der Praxis oftmals auf die Ermächtigung genau der Eliten hinaus, die für den Ausbruch der Gewalt verantwortlich waren. Angesichts dieser Widersprüche stellt die Denkschrift zu Recht eine Reihe von Warnschildern gegen eine Einschränkung des Friedens im Namen der Gerechtigkeit auf. Und angesichts dieser Widersprüche weist auch ihre Forderung nach einer Evaluierung bewaffneter Friedensmissionen in die richtige Richtung (EKD 2007, Ziff. 123). Denn das oft vernachlässigte Kriterium der Lehre des gerechten Kriegs – die Erfolgsaussicht des militärischen Eingreifens – ist das wichtigste. Und über die Erfolgsaussichten derartiger Interventionen wissen wir viel zu wenig.

Literatur

Albin, Cecilia und Daniel Druckman. 2012. Equality Matters: Negotiating an End to Civil Wars. *Journal of Conflict Resolution* 56 (2): 155-182.

Czempiel, Ernst-Otto. 1972. *Schwerpunkte und Ziele der Friedensforschung*. Mainz: Kaiser.

Beitz, Charles R. 1975. Justice and International Relations. *Philosophy & Public Affairs* 4 (4): 360-389.

Bosco, David. 2014. *Rough Justice. The International Criminal Court in a World of Politics. Oxford*. Oxford University Press.

Brock, Lothar. 1990. „Frieden". Überlegungen zur Theoriebildung. In *Theorien der Internationalen Beziehungen. Bestandsaufnahme und Forschungsperspektiven. Sonderheft der Politischen Vierteljahresschrift*, hrsg. von Volker Rittberger, 71-89. Opladen: Westdeutscher Verlag GmbH.

Brock, Lothar. 2002. Was ist das „Mehr" in der Rede, Friede sei mehr als die Abwesenheit von Krieg? In *Die Zukunft des Friedens. Eine Bilanz der Friedens- und Konfliktforschung*, hrsg. von Astrid Sahm, Manfred Sapper und Volker Weichsel, 95-114. Wiesbaden: Westdeutscher Verlag.

Brock, Lothar. 2010. Gerechtigkeit und Frieden. Die Tücken einer tugendhaften Verbindung, Frankfurt. *HSFK-Standpunkte* 18 (10): 1-12.

Buchanan, Allen. 2004. *Justice, Legitimacy and Self-Determination: Moral Foundations for International Law*. Oxford: University Press.

Dembinski, Matthias. 2017. Procedural justice and global order: Explaining African reaction to the application of global protection norms. *European Journal of International Relations* (i. E.).

Dencik, Lars. 1971. Plädoyer für eine revolutionäre Konfliktforschung. In *Kritische Friedensforschung*, hrsg. von Dieter Senghaas, 247-270. Frankfurt a. M.: Suhrkamp.

EKD. 2007. *Aus Gottes Frieden leben – für gerechten Frieden sorgen. Eine Denkschrift des Rates der Evangelischen Kirche in Deutschland*. Gütersloh: Gütersloher Verlagshaus.

Galtung, Johan. 1971. Theorien des Friedens. In *Kritische Friedensforschung*, hrsg. von Dieter Senghaas, 235-246. Frankfurt: Suhrkamp.

Hoppe, Thomas und Ines-Jacqueline Werkner. 2017. Der gerechte Frieden: Positionen der katholischen und evangelischen Kirche in Deutschland. In *Handbuch Friedensethik*, hrsg. von Ines-Jacqueline Werkner und Klaus Ebeling, 343-360. Wiesbaden: Springer.

Henrich, Joseph, Robert Boyd, Samuel Bowles, Colin Camerer, Ernst Fehr und Herbert Gintis (Hrsg.). 2004. *Foundations of Human Sociality: Economic Experiments and Ethnographic Evidence from Fifteen Small-Scale Societies*, Oxford: Oxford University Press.

Kelsen, Hans. 2000 [1953]. *Was ist Gerechtigkeit?* Stuttgart: Reclam.

Krippendorff, Ekkehart. 1968. Einleitung. In *Friedensforschung*, hrsg. von Ekkehart Krippendorff, 13-26. Köln: Kiepenheuer & Witsch.

Kukathas, Chandran. 2006. The Mirage of Global Justice. In *Justice and Global Politics*, hrsg. von Ellen Frankel Paul, Fred D. Miller und Jeffrey Paul, 1-28. Cambridge: Cambridge University Press.

Leventhal, Gerald S. 1980. What Should Be Done with Equity Theory? New Approaches to the Study of Fairness in Social Relationship. In *Social Exchange: Advances in Theory and Research*, hrsg. von Kenneth J. Gergen, Martin S. Greenberg und Richard H. Willis, 27-55. New York: Plenum Press.

MacIntyre, Alasdair. 1984. *After Virtue*. 2. Aufl. Notre Dame: Notre Dame University Press.

Miller, David. 1995. *On Nationality*. Oxford: Oxford University Press.

Morgenthau, Hans J. 1963. *Macht und Frieden. Grundlegung einer Theorie der internationalen Politik*. Gütersloh: Bertelsmann.

Müller, Harald. 2003. Begriff, Theorien und Praxis des Friedens. In *Die neuen Internationalen Beziehungen. Forschungsstand und Perspektiven in Deutschland*, hrsg. von Gunther Hellmann, Klaus Dieter Wolf und Michael Zürn, 209-250. Baden-Baden: Nomos.

Nagel, Thomas. 2005. The Problem of Global Justice. *Philosophy and Public Affairs* 33 (2): 113-147.

Pape, Robert A. 2012. When Duty Calls. A Pragmatic Standard of Humanitarian Intervention. *International Security* 37 (1): 41-80.

Pogge, Thomas. 2010. *Politics as Usual: What Lies Behind the Pro-Poor Rhetoric*. Cambridge: Polity Press.

Rawls, John A. 1971. *A Theory of Justice*, Cambridge: Harvard University Press.

Rawls, John A. 1999. *The Law of Peoples*, Cambridge: Harvard University Press.

Rawls, John A. 2001. *Justice as Fairness: A Restatement*, hrsg. von Erin Kelly, Cambridge: Harvard University Press.

Schlotter, Peter und Simone Wisotzki. 2011. Stand der Friedens- und Konfliktforschung. In: *Friedens- und Konfliktforschung*, hrsg. von Peter Schlotter und Simone Wisotzki, 7-45. Baden-Baden: Nomos.

Seybolt, Taylor B. 2007. *Humanitarian Military Intervention. The Conditions for Success and Failure*. Oxford: University Press.

Singer, Peter. 1972. Famine, Affluence and Morality. *Philosophy and Public Affairs* 1 (3): 229–243.

Taylor, Tom und Heather J. Smith. 1998. Social Justice and Social Movements. In *The Handbook of Social Psychology*, hrsg. von Daniel T. Gilbert, Susan T. Fiske und Lindzey Gardener, 595-629. 4. Aufl. Boston: McGraw Hill.

Thibaut, John und Laurens Walker. 1975. *Procedural Justice*. Hillsdale (NJ): Erlbaum.

Walzer, Michael. 1983. *Spheres of Justice*. New York: Basic Books.

Welch, David A. 1993. *Justice and the Genesis of War*. Cambridge: Cambridge University Press.

Gerechter Frieden als moralischer Maximalismus

Thorsten Bonacker

1 Einleitung

„Cultural pluralism is a maximalist idea, the product of a thickly developed liberal politics. Minimalism depends on something less: most simply, perhaps, on the fact that we have moral expectations about the behavior not only of our fellows but of strangers too" (Walzer 1994, S. 16).

Der folgende Beitrag geht von einer grundsätzlichen Skepsis gegenüber moralischer oder ethischer beziehungsweise religiöser Fundierung politischen Handelns aus. Politik lässt sich meines Erachtens nicht aus moralischen Prinzipien deduzieren. Versuche, dies zu tun, enden meistens unerfreulich. Das heißt natürlich nicht, dass normatives Räsonieren etwa über Grundsätze der Friedenspolitik unpolitisch oder irrelevant wäre. Im Gegenteil gehört es zu den wichtigsten Merkmalen der Selbstverständigung demokratischer Gemeinwesen, sich über die (guten) Gründe für politisches Handeln auseinanderzusetzen. Insofern verstehe ich die Diskussion über das Konzept des gerechten Friedens als eine solche Selbstverständigung über eine richtige und angemessene

Friedenspolitik. Der Beitrag widmet sich der Frage, inwieweit das Konzept des gerechten Friedens auf die Herausforderung der grundsätzlichen Pluralität von Gerechtigkeitsvorstellungen und -prinzipien reagiert. Das Problem der Pluralität tritt dabei in zwei Varianten auf: als soziale Komplexität und als kulturelle Diversität. Gerechtigkeitsvorstellungen können zum einen innerhalb einer Gesellschaft mit Blick auf unterschiedliche gesellschaftliche Güter und Bereiche variieren, sodass das, was unter Gerechtigkeit in einer Gesellschaft verstanden wird, als komplex gelten kann. Zum anderen können Gerechtigkeitsvorstellungen aber auch abhängig von kultureller, etwa religiöser, Zugehörigkeit sein. Beide Formen der Pluralität muss das Konzept des gerechten Friedens schon deshalb ernst nehmen, weil beide mit Konflikten verbunden sind, beispielsweise mit Verteilungs- oder mit Identitätskonflikten.

Ich werde die Herausforderung, die für das Konzept des gerechten Friedens aus diesen beiden Varianten der Pluralität entsteht, zunächst auf die Frage zuspitzen, ob der gerechte Frieden auf einem moralischen Maximalismus oder einem moralischen Minimalismus beruhen sollte. Die Unterscheidung zwischen einem moralischen Maximalismus oder einem moralischen Minimalismus beziehungsweise zwischen einer dicken und einer dünnen Moral stammt von Michael Walzer. Es mag erstaunen, dass im Folgenden ausgerechnet Walzers Gerechtigkeitstheorie zum Ausgangspunkt für eine Diskussion der Bedeutung der Pluralität von Gerechtigkeit für das Konzept des gerechten Friedens genommen wird, gilt Walzer (1977) doch seit seinem Buch „Just and Unjust Wars" in friedensethischen Diskussionen als Vertreter einer Theorie des gerechten Krieges, die ihn zunächst dazu führte, den Sechstagekrieg sowie die Interventionen im Kosovo und in Afghanistan für gerechtfertigt zu halten. Mich interessiert im Folgenden die interventionspolitische Seite seiner Gerechtigkeitstheorie allerdings nicht (vgl. dazu Haspel 2017), sondern es geht mir im Kern darum zu zeigen, dass seine Gerechtigkeitstheorie hilfreich ist, um die Herausforderungen zu beschreiben, die von der sozialen Komplexität, der kulturellen Diversität und der gemeinschaftlichen Einbettung von Gerechtigkeitsvorstellungen für das Konzept des gerechten Friedens ausgehen. Die Frage, welche Implikationen dies wiederum für die Debatte um die Legitimität militärischer Interventionen hat, lasse ich unberührt.

Ziel des Beitrags ist es zu zeigen, dass beide Positionen – also ein maximalistisches und ein minimalistisches Verständnis des gerechten Friedens – Dilemmata beinhalten, die deutlich machen, dass wir kein „moralisches Esperanto" (Walzer 1994, S. 6), also so etwas wie eine Universalsprache der Gerechtigkeit, finden werden, die ein widerspruchsfreies, von allen Gesellschaften oder sozialen Gruppen geteiltes Verständnis von Gerechtigkeit und damit auch des gerechten Friedens in Aussicht stellt. Ein maximalistisches Verständnis einer dicken Moral sieht Gerechtigkeitsprinzipien in besonderen Gemeinschaften verankert, die im Laufe ihrer Geschichte bestimmte Wertvorstellungen und Überzeugungen entwickelt haben. Sie sichern ein gewisses Maß an Solidarität zwischen den Mitgliedern dieser Gemeinschaften, etwa zwischen Staatsbürgern und Staatsbürgerinnen. Ein minimalistisches Verständnis einer dünnen Moral abstrahiert von dieser besonderen Interpretationsgemeinschaft von Gerechtigkeitsprinzipien und bezieht sich vor allem auf eine Vorstellung von Gerechtigkeit, von der wir annehmen können, dass sie gemeinschaftsübergreifend Geltung beanspruchen kann. Es macht nun offensichtlich einen Unterschied, ob man ein dickes oder ein dünnes Verständnis von Gerechtigkeit zur Grundlage eines Konzepts des gerechten Friedens macht. Beide Gerechtigkeitsverständnisse haben jeweils unterschiedliche Folgen für die Friedensfähigkeit, aber auch das Konfliktpotenzial von Gerechtigkeit und damit auch für die Suche nach gerechten Konfliktregelungen und Friedensstrategien. Die

Frage ist natürlich, wer festlegt, ob ein moralisches Prinzip als Bestandteil einer besonderen Gemeinschaft oder als partikulare Gemeinschaften transzendierendes Prinzip gilt. Auch hier hilft meines Erachtens ein Argument von Walzer, der deutlich macht, dass es solche transzendierenden Prinzipien nicht gibt, sondern dass diese letztlich darauf angewiesen bleiben, im Lichte von Interpretationsgemeinschaften als solche anerkannt zu werden. Dies geschieht, wie Walzer zeigt, in der Regel im Moment der Solidarisierung mit anderen, die Opfer von Gewalt und Unterdrückung sind. Eine solche dünne Moral kann aber außerhalb des Biotops von Gemeinschaften nur kurzfristig überleben. Man kann dies an dem Problem ablesen, dass Gerechtigkeitsvorstellungen, die bestimmte Gemeinschaften für universal und damit als Bestandteil einer dünnen Moral halten, von anderen als aus ihrer Sicht problematische Bestandteile einer ihnen fremden Vorstellung von Gerechtigkeit gehalten werden.

Ich möchte zwei Schlussfolgerungen aus diesem Argument ziehen: Zum einen wird damit deutlich, dass das Konzept des gerechten Friedens selbst Bestandteil eines moralischen Maximalismus beziehungsweise einer dicken Moral ist, der als solcher auch ein gewisses Konfliktpotenzial eigen ist. Walzers Argument hilft uns in diesem Zusammenhang, das vielfach hervorgehobene Spannungsverhältnis von Gerechtigkeit und Frieden besser zu verstehen. Zum anderen möchte ich abschließend Walzers Argument aufgreifen, dass unser Verständnis von Gerechtigkeit davon abhängt, welche Bedeutung wir Gütern in bestimmten Kontexten beimessen. Was wir als gerecht empfinden, kann deshalb weniger aus Prinzipien abgeleitet werden, sondern ist jeweils ein kontingentes Ergebnis gesellschaftlicher Aushandlung. Walzer eröffnet damit eine Perspektive, die in jüngster Zeit von Luc Boltanski und Laurent Thévenot (2007) im Rahmen ihrer Soziologie der Kritik weiter ausgearbeitet wurde und die auf eine pragmatistische Erweiterung des Konzepts des gerechten Friedens hinausläuft, die ich zum Schluss des Beitrags wenigstens andeuten möchte.

2 Pluralität von Gerechtigkeit als Herausforderung für gerechten Frieden

Damit das Konzept des gerechten Friedens nicht in die gleiche Falle tappt wie das Konzept des gerechten Krieges, nämlich Friedensethik auf die Frage nach der Legitimation von Zwang und Gewalt zu verkürzen, bedarf es offensichtlich eines komplexen Begriffs von Gerechtigkeit und einer kritischen Reflexion der durchaus ambivalenten Beziehung zwischen Frieden und Gerechtigkeit. Denn zunächst einmal ist es auf der Grundlage der Erkenntnisse der Friedens- und Konfliktforschung nicht unmittelbar einleuchtend, dass sich Gerechtigkeit und Frieden wechselseitig bedingen. Im Gegenteil können Gerechtigkeitsforderungen in hohem Maße Konflikte verursachen und anheizen (Daase und Humrich 2015, S. 11). Darüber hinaus können Gerechtigkeitsfragen eine friedliche Konfliktregelung deutlich erschweren, weil sie die Kompromissfindung verkomplizieren. In Friedensverhandlungen kann es deshalb ratsam sein, darauf zu achten, dass Gerechtigkeitsaspekte und insbesondere kollektives Ungerechtigkeitsempfinden möglichst nicht in den Mittelpunkt gerückt werden, weil sie sich häufig als „unteilbar" (Hirschman 1994) und dementsprechend schwer lösbar erweisen.

In der Denkschrift des Rates der Evangelischen Kirche „Aus Gottes Frieden leben – für gerechten Frieden sorgen" wird dieses Grundproblem gewissermaßen prozeduralisiert, indem der gerechte Frieden als „ein gesellschaftlicher Prozess abnehmender Gewalt und zunehmender Gerechtigkeit" (EKD 2007, Ziff. 80; im Folgenden auch als „Friedensdenkschrift" bezeichnet) verstanden wird. Dies wirft nun unweigerlich die Frage auf, wie das Konzept des gerechten Friedens mit der Pluralität von Gerechtigkeitsvorstellungen umgeht, die sich unter Umständen ausschließen und in Konflikt zueinander geraten können. Diese Pluralität wird in der Friedensdenkschrift in erster Linie als kulturelle und religiöse Pluralität diskutiert, die im Namen des gerechten Friedens zu achten ist. Insbesondere angesichts einer unabweisbaren religiösen Pluralität erscheint der

> „Dialog zwischen den Religionen ohne Alternative. Waren die auf Frieden und Verständigung ausgerichteten Bemühungen bis in die frühe Neuzeit auf das Christentum, das Judentum und den Islam begrenzt, so müssen sie heute darüber hinausgehen und alle, auch die nicht-monotheistischen, Religionen einbeziehen. Jeder ernsthafte Dialog muss von Gleichberechtigung, gegenseitigem Respekt, Wahrhaftigkeit und Empathie geleitet sein" (EKD 2007, Ziff. 47).

Darüber hinaus erfordert der Friedensdenkschrift zufolge ein gerechter Frieden die „Ermöglichung kultureller Vielfalt", die aus Sicht der Friedensdenkschrift nicht im Widerspruch zur Stärkung universaler Institutionen steht, sondern fester Bestandteil einer globalen Friedensordnung als Rechtsordnung sein sollte (vgl. Senghaas-Knobloch 2009, S. 140). Eine transnationale oder gar globale Gerechtigkeit soll wiederum möglichst im Einklang mit lokalen Traditionen sein, ihnen jedenfalls nicht als fremde Norm entgegentreten (EKD 2007, Ziff. 124).

Aus all dem lässt sich schlussfolgern, dass die Frage der Pluralität von Gerechtigkeitsvorstellungen eine zentrale Herausforderung für das Konzept des gerechten Friedens darstellt. Eine relativ einfache Lösung für das Problem der Pluralität besteht darin, dass wir uns, wie liberale Gerechtigkeitstheorien vorschlagen, auf wenige Gerechtigkeitsprinzipien einigen könnten, die im Interesse aller sind, die also aus Vernunftgründen nicht zurückgewiesen werden können. Die kritische Literatur dazu ist mittlerweile unüberschaubar geworden und soll hier nicht ausführlich diskutiert werden. Ich werde mich im Folgenden gegenüber solchen liberalen Ansätzen eher kritisch verhalten und dabei in einem ersten Schritt der Argumentation Michael Walzers folgen, der das Problem der Pluralität von Gerechtigkeitsvorstellungen direkt auf die Frage bezogen hat, welche Konsequenzen dies für eine Vorstellung von Gerechtigkeit hat, die außerhalb partikularer Interpretationsgemeinschaften verankert werden soll. Eine solche Position öffnet meines Erachtens den Weg für ein stärker soziologisches und kritisches Verständnis des gerechten Friedens, das ich im Abschlusskapitel wenigstens andeuten möchte und das die unabweisbare Pluralität der Gerechtigkeit zum Ausgangspunkt nimmt. Dennoch haben liberale Gerechtigkeitskonzeptionen für ein Verständnis des gerechten Friedens eine wichtige Bedeutung, wie ich im folgenden Kapitel durchaus einräumen werde.

Die Pluralität von Gerechtigkeitsauffassungen ist zunächst eine alltagspolitische Erfahrung. Viele Dispute, die wir tagtäglich mit mehr oder weniger Verve führen, aber auch zahlreiche politische Debatten der jüngsten Zeit kreisen um Fragen der Gerechtigkeit. Dürfen etwa Gruppen, die benachteiligt sind, bei der Verteilung bestimmter Güter bevorzugt werden? Sollte der Staat (strengere) Kleidungsvorschriften für Personen im öffentlichen Dienst erlassen? Sollte Zuwanderung stärker an wirtschaftlichen Aspekten orientiert werden? Wer soll Zugang zu öffentlichen Leistungen etwa im Gesundheitssektor erhalten? Solche Fragen sind nicht nur brisant, weil es um knappe Güter geht, also um Güter, die sich nicht in beliebig kleine Einheiten zerlegen lassen, ohne dass sie an Wert verlieren. Konfliktträchtig sind sie vielmehr auch, weil verschiedene Antworten auf unterschiedliche Gerechtigkeitsvorstellungen zurückgreifen, etwa auf das Prinzip der Chancengleichheit, die über eine Redistribution von Gütern hergestellt werden sollte, oder auf das Prinzip der Leistungsgerechtigkeit, das die Güterverteilung nicht an Bedürfnissen, sondern an erbrachten Leistungen bemisst. Die Unterschiedlichkeit solcher Vorstellungen kann auch zu Zielkonflikten führen, die sich nicht nur in Bezug auf unterschiedliche Gerechtigkeitsnormen einstellen, sondern auch dann, wenn man Gerechtigkeitsaspekte mit anderen Gesichtspunkten wie denen der Effektivität und Effizienz vergleicht. Die Folge sind kontingente Werturteile und – mit Max Weber gesprochen – Wertmischungsverhältnisse (vgl. Schmidt 1992, S. 8).

Die Lage verschärft sich noch einmal dort, wo es um die Aufarbeitung einer Konfliktvergangenheit geht, die mit Fragen der Gerechtigkeit konfrontiert ist, denn hier hängt der gesellschaftliche Frieden tatsächlich an einem dünnen Faden und ist unmittelbar mit Gerechtigkeitsvorstellungen und Ungerechtigkeitsempfindungen verbunden, die in der Regel umstritten waren oder weiter sind. Ist es etwa angemessen, wenn Täter in den Genuss kollektiver Reparationen kommen? Würden gesellschaftliche Spaltungen nicht zunehmen, wenn man sie von vornherein von der Verteilung von Gütern im Rahmen von *Transitional Justice* ausschließt? Sollten sich Reparationen auf symbolische Maßnahmen beschränken oder im Kern auf eine Redistribution von Gütern fokussiert sein? Ferner berühren Gerechtigkeitskonflikte im Kontext der Aufarbeitung einer Gewalt- und Unterdrückungsvergangenheit häufig eine Anerkennungsproblematik, bei der es grundsätzlich um die Frage nach kollektiven Rechten, nach der Angemessenheit kollektiver Konfliktnarrative und der Repräsentation von Gruppen in gesellschaftlichen und vor allem politischen Institutionen in einer Gesellschaft geht, die von Gewalterfahrungen geprägt ist.

Die in diesem Zusammenhang zu beobachtende, durch Konflikte tradierte, aber auch die alltäglich erfahrbare Pluralität von Gerechtigkeitsvorstellungen stellt das Konzept des gerechten Friedens vor besondere Herausforderungen. Denn wenn global, national oder lokal verschiedene und widerstreitende Vorstellungen von Gerechtigkeit existieren, dann muss darüber nachgedacht werden, wie sich diese Pluralität mit der Idee verträgt oder in Einklang bringen lässt, dass mehr Gerechtigkeit auch zu mehr Frieden führt. Anders gesagt: Der Friedensaspekt des Konzepts des gerechten Friedens bemisst sich nicht zuletzt daran, wie es mit der Pluralität von Gerechtigkeitsvorstellungen umgeht. Wird die irreduzible Pluralität von Gerechtigkeit nicht in Rechnung gestellt, besteht die Gefahr, dass wir das Konfliktpotenzial des Konzepts des gerechten Friedens übersehen (ähnlich, wie lange Zeit das Konfliktpotenzial des demokratischen Friedens übersehen wurde, bis seine „Antinomie" entdeckt wurde; vgl. Geis et al. 2007).

Die Pluralität von Gerechtigkeitsvorstellungen hängt zunächst einmal mit zwei Fragen zusammen – mit der Frage „Gerechtigkeit für wen?" und mit der Frage nach dem Adressaten von Gerechtigkeitserwartungen. Können Gerechtigkeitsforderungen nur an Staaten oder auch an internationale Organisationen gerichtet werden? Geht es bei Konfliktlösungen nur um die Gerechtigkeit, die Staaten widerfährt, oder können Individuen Ansprüche gegen Konfliktlösungen im Namen der Gerechtigkeit geltend machen? Stanley Hoffmann (2006, S. 14) erinnert in diesem Zusammenhang an den Friedensvertrag von Evian 1962, der zwischen Frankreich und der algerischen Nationalen Befreiungsfront (FLN) unterzeichnet wurde:

> „Both Algeria, which had obtained its Independence, and France, which had freed itself from the Algerian quagmire, had good reasons to find this Agreement acceptable. Could the same be said, though, of the *harkis* or the members of the *Organisation de l'Armée Secrète*? Peace achieved through compromise has often entailed large transfers of populations and thus individuals have suffered the consequences of actions taken by States".

Letzteres gilt auch für territoriale Trennungen zwischen Konfliktparteien wie etwa zwischen Nord- und Südkorea oder für die Frage, ob Opfer es akzeptieren müssen, wenn sich Konfliktparteien auf Amnestien für Täter einigen.

Darüber hinaus lassen sich eine Reihe unterschiedlicher Typen von Gerechtigkeit identifizieren, die für gerechte Konfliktregelungen von Bedeutung sein können, die aber verschiedene und unter Umständen auch widerstreitende Gerechtigkeitserwartungen beinhalten. So kann die Aufarbeitung von Konflikten etwa internationales oder nationales Strafrecht auf den Plan rufen, aber zugleich auch Fragen distributiver Gerechtigkeit aufwerfen. Letztere können verschiedene Güter betreffen, etwa ökonomische Ressourcen, kollektive Anerkennung oder politische Repräsentation (Daase und Humrich 2015). Gerechtigkeitskonflikte können nicht nur zwischen unterschiedlichen Gerechtigkeitsprinzipien entstehen, etwa wenn Gruppen Reparationen einer strafrechtlichen Verfolgung der Täter den Vorzug geben, sondern sie sich auch an der unterschiedlichen Bewertung verschiedener Güter durch Konfliktparteien entzünden. Landkonflikte sind etwa häufig nicht nur Konflikte um den Zugang zu Ressourcen, sondern sie beinhalten auch Fragen nach der Anerkennung bestimmter Gruppen.

Grundsätzlich umfassen gerechte Konfliktlösungen oftmals Aspekte der Verteilung von Gütern – und darüber hinaus unter Umständen auch von Lebenschancen –, sodass sie Kriterien für eine ungleiche, aber gerechte Verteilung entwickeln müssen. Welche Opfer sollen beispielsweise auf welche Weise entschädigt werden? Ist es fair, nur Opfer direkter Gewalt materiell zu entschädigen? Führen Reparationen, die sich auf bestimmte Gruppen beziehen, zu neuen intergruppalen Gerechtigkeitskonflikten? Sollte deshalb auf kollektive materielle Reparationen verzichtet werden? Gerade weil diese Fragen nur schwer und vermutlich überhaupt nicht konsensual entschieden werden können, plädieren Vertreter liberaler Gerechtigkeitstheorien dafür, globale Gerechtigkeit zuerst als rechtliche Gleichheit und vom Standpunkt der Unparteilichkeit her zu konzipieren und damit die kulturelle und gesellschaftliche Pluralität von Gerechtigkeitsvorstellungen gewissermaßen zu neutralisieren, ohne sie freilich zu leugnen (vgl. etwa Höffe 2008, S. 172).

Die Suche nach globaler Gerechtigkeit – etwa im Rahmen kosmopolitischer Gerechtigkeitstheorien – versucht von der Pluralität lokaler Gerechtigkeitsvorstellungen zu abstrahieren und zu zeigen, dass bestimmte Gerechtigkeitsprinzipien unabhängig von ihrer lokalen Verankerung Geltung beanspruchen können, insofern sie im gemeinsamen Interesse aller – und potenziell aller Weltbürgerinnen und -bürger – liegen. Das gilt insbesondere für Vorstellungen prozeduraler Gerechtigkeit, die sich auf Verfahren der Konfliktregelung konzentrieren, sodass ein Dissens über verschiedene Auffassungen über die Verteilung von Gütern auf der Basis eines Konsenses über das Verfahren der Konfliktregelung ausgetragen und auf diese Weise deeskaliert werden kann. Aus dieser Perspektive sind Gerechtigkeitskonflikte als solche unproblematisch, solange sie im Rahmen von Verfahren und ohne Anwendung von Gewalt ausgetragen werden.

Gegen solche formalen Bestimmungen von Gerechtigkeit sind eine Reihe von Einwänden erhoben worden. In diesem Zusammenhang scheint entscheidend, dass solche Verfahren zwar ohne Frage den Vorteil haben, sich neutral gegenüber verschiedenen Gerechtigkeitsvorstellungen zu verhalten. Zugleich sind sie aber selbst einer bestimmten Gerechtigkeitskonzeption verhaftet, die insbesondere dort zutage tritt, wo ausbuchstabiert werden muss, wie Verfahren der Regelung von Gerechtigkeitskonflikten aussehen sollten. Zudem bleiben sie relativ unempfindlich gegenüber lokalen Gerechtigkeitsvorstellungen, die insbesondere in Konflikten virulent sind. Wer in welcher Form nach erlittener Gewalt materiell oder immateriell entschädigt werden soll, ist nicht nur eine Frage teilbarer Gerechtigkeitskonflikte, sondern hängt unmittelbar mit lokal verankerten Identitäten und mit ihnen verbundenen Gerechtigkeitsvorstellungen und Ungerechtigkeitsempfinden zusammen. Diese im Rahmen formaler Verfahren – etwa durch ein Verfahren zur Feststellung der Entschädigungsberechtigung – zu verhandeln, kann selbst bereits lokalen Gerechtigkeitsvorstellungen zuwiderlaufen. Dies spricht natürlich nicht gegen solche Verfahren, die unter Umständen eine pazifizierende Wirkung auf Konfliktparteien haben können, aber es deutet an, dass sich globale Prinzipien einer prozeduralen Gerechtigkeit nicht umstandslos in lokale Kontexte und Konflikte übersetzen lassen.

Die Pluralität von Gerechtigkeit zeigt sich offenbar, so lässt sich das Bisherige zusammenfassen, an ihrer sozialen Komplexität und ihrer kulturellen Diversität. Beides ist charakteristisch für jede einigermaßen vielfältige Gesellschaft. Beides nimmt unter Globalisierungsbedingungen tendenziell zu und beides erhöht letztlich die Wahrscheinlichkeit von Gerechtigkeitskonflikten. Sozial komplex ist Gerechtigkeit, weil innerhalb ausdifferenzierter gesellschaftlicher Sektoren unterschiedliche Gerechtigkeitsnormen zur Anwendung kommen. Michael Walzer (1992) hat diese soziale Komplexität bekanntlich als „Sphären der Gerechtigkeit" beschrieben und eine Differenzierung dieser Sphären selbst zu einem normativen Bestandteil von modernen Gesellschaften erklärt. Walzer zufolge erfordert eine gerechte Verteilung gesellschaftlicher Güter eine strikte Differenzierung der unterschiedlichen Verteilungslogiken, sodass möglichst ausgeschlossen ist, dass Personen oder Gruppen, die in einer Sphäre über Güterbesitz verfügen, nicht aufgrund dessen in anderen Sphären bevorzugt werden. Wer ein politisches Amt innehat, sollte beispielsweise nicht allein deshalb auch einen besseren Zugang zu medizinischer Dienstleistung besitzen. Entscheidend ist, dass die Plausibilität von Argumenten für eine Ungleichverteilung von Gütern von der Rationalität der jeweiligen gesellschaftlichen Sphären abhängt. Es existiert Walzer zufolge also kein Sphären-übergreifendes Gerechtigkeitsprinzip – mit Ausnahme der Achtung dieser Pluralität, weil ansonsten größere Ungerechtigkeit droht. Walzer setzt damit der Vorstellung von einer einfachen Gleichheit die einer komplexen Gleichheit entgegen. Komplexe Gleichheit bedeutet, dass verschiedene soziale Güter unterschiedliche Bedeutungen besitzen, die mit scharf differenzierten Gerechtigkeitssphären korrelieren (den Hartogh 1999, S. 494). Hinzu tritt, dass unterschiedliche Gruppen innerhalb einer Gesellschaft von verschiedenen und nicht selten widersprechenden moralischen Überzeugungen geleitet werden. Dies gilt etwa für religiöse, häufig aber auch für ethnische oder subkulturelle Gruppen mit partikularen Gerechtigkeitsvorstellungen, die in einem Spannungsverhältnis zueinander oder zu einer Mehrheitsgesellschaft stehen können. Ein gerechter Frieden kann hier offenkundig nicht mit einer prinzipiellen Delegitimierung minoritärer moralischer Überzeugungen einhergehen, die vermutlich relativ schnell zu intergruppalen Konflikten führt. Vielmehr, und dies stellt auch die Friedensdenkschrift heraus, spielen der rechtliche Bezugsrahmen und der Dialog zwischen kulturell unterschiedlichen Gerechtigkeitsvorstellungen eine zentrale Rolle für einen gerechten Frieden:

> „Aufgabe der Politik ist es daher, zum einen die besonderen kulturellen und religiösen Identitäten zu respektieren, soweit sie mit den individuellen Menschenrechten vereinbar sind, zum anderen muss sie darauf achten, dass Gemeinwesen vom interkulturellen Dialog leben und deshalb gemeinsamer sprachlicher Verständigungsmöglichkeiten bedürfen" (EKD 2007, Ziff. 97).

Interkulturelle Gerechtigkeitstheorien betonen in diesem Zusammenhang, dass Gerechtigkeit nicht nur auf einer Pluralität von Wissensformen, sondern auf einer Anerkennung des Anderen beruht – und damit auch auf einer Anerkennung anderer

Gerechtigkeitsvorstellungen (García González 2013). Eine solche Anerkennung ist und bleibt allerdings häufig konflikthaft, denn sie kann mit anderen Gerechtigkeitserwartungen und Überzeugungen kollidieren, und stellt genau deshalb das Konzept des gerechten Friedens vor eine Herausforderung.

3 Moralischer Maximalismus und moralischer Minimalismus

Auf die Herausforderung der Pluralität von Gerechtigkeit kann das Konzept des gerechten Friedens auf zwei Weisen reagieren. Es kann im Rahmen eines moralischen Maximalismus oder im Rahmen eines moralischen Minimalismus beziehungsweise als eine dicke oder eine dünne Moral formuliert werden. Diese begriffliche Unterscheidung stammt ebenfalls von Michael Walzer (1994) und hängt mit seiner Charakterisierung der komplexen Gleichheit zusammen, da Walzer davon ausgeht, dass sich die Kritik an gesellschaftlicher Ungerechtigkeit immer schon auf Maßstäbe beruft, die innerhalb von Gemeinschaften, also im Kontext dicker moralischer Überzeugungen, entwickelt worden sind. Eine Kritik, die sich auf eine dünne, partikulare Gemeinschaften transzendierende Moral bezieht, bleibt tradierten moralischen Überzeugungen und damit verbundenen Lebenswirklichkeiten äußerlich und wirkt deshalb weniger plausibel. Die Frage ist nun zunächst, welche Vor- und Nachteile ein Konzept des gerechten Friedens besitzt, das als dicke oder als dünne Moral entworfen wird. Vorweg sollte gesagt sein, dass diese Unterscheidung von Walzer selbst in gewisser Weise als unzureichend charakterisiert wird, weil eine dünne Moral letztlich außerhalb partikularer Gemeinschaften kaum überlebensfähig ist und deshalb auch nicht dazu taugt, moralische Überzeugungen zu begründen. Ich komme im folgenden Abschnitt darauf zurück.

Gerechter Frieden als moralischer Maximalismus

Zunächst aber noch einmal grundsätzlich zur Unterscheidung zwischen moralischem Maximalismus und moralischem Minimalismus: Walzer beginnt seine Überlegungen mit der Frage, warum wir uns Protesten gegen Unterdrückung und Repression schnell verbunden fühlen, auch wenn sie uns nicht direkt betreffen, etwa weil sie in entfernten Ländern stattfinden. Dies könnte daran liegen, dass wir bestimmte moralische Überzeugungen unabhängig von unseren besonderen Lebensumständen und historisch rückgebundenen Sozialisationsprozessen teilen. Dafür spricht, dass wir bei anderen Gerechtigkeitsfragen, die sich nicht auf Gewalt und Unterdrückung beziehen, häufig Dissens verspüren, der darauf zurückzuführen ist, dass Gemeinschaften unterschiedliche Antworten auf diese Fragen entwickelt haben. Wie etwa ein Gesundheits- oder Bildungssystem aussehen sollte, ist kaum unabhängig von konkreten moralischen Überzeugungen und Traditionen zu bewerten. Mit anderen Worten: Moralischer Minimalismus bezieht sich auf Normen, die mit einiger Wahrscheinlichkeit universelle, wenigstens aber einzelne Gemeinschaften transzendierende Geltung beanspruchen können. Den Lackmustest dafür bildet die Möglichkeit, ohne das Wissen über die besonderen Bedingungen einer Gesellschaft zu ähnlichen moralischen Urteilen zu kommen (vgl. Walzer 1994, S. 4).

Eine dicke Moral ist demgegenüber dadurch charakterisiert, dass sie komplex, häufig widersprüchlich und mitunter auch konflikthaft ist. Sie ist in konkreten – beispielsweise religiösen, politischen, kulturellen und einfach lokalen, über eine gemeinsame Geschichte oder Lebenswelt integrierten – Gemeinschaften verankert und wird von Mitgliedern dieser Gemeinschaften geteilt. Außerhalb dieser Gemeinschaften macht sie wenig Sinn. Der moralische Minimalismus hat, so Walzer, die Menschheit als Referenzobjekt, der moralische Maximalismus konkrete Gesellschaften. Im ersten Fall können wir uns mit anderen solidarisieren, weil es um offenkundige Verletzungen elementarer moralischer Empfindungen geht. Wir können uns dem Protest gegen Gewalt und Unterdrückung deshalb anschließen. Aber relativ schnell ist diese Gemeinsamkeit aufgezehrt, und wir kehren zu unseren eigenen moralischen Überzeugungen und Gerechtigkeitskonflikten zurück (vgl. Walzer 1994, S. 8).

Der moralische Minimalismus setzt, so ließe sich die Position zusammenfassen, am offensichtlichen Unrecht – etwa an gewaltsamer Unterdrückung, Folter oder Vertreibung – an, während im Kontext des moralischen Maximalismus die Suche nach Gerechtigkeit im Vordergrund steht. Der moralische Minimalismus bezieht sich gewissermaßen negativ, der moralische Maximalismus positiv auf Gerechtigkeit.

Für das Konzept des gerechten Friedens ergeben sich damit zunächst einmal zwei Möglichkeiten. Es kann als moralischer Maximalismus oder als moralischer Minimalismus formuliert werden. Beides hat Vor- aber auch Nachteile, die ein gewisses Dilemma nahelegen, weil weder die eine noch die andere Variante zu einer spannungslosen Verbindung zwischen Gerechtigkeit und Frieden führt. Zunächst liegt es nahe, den gerechten Frieden als moralischen Minimalismus zu verstehen, denn der moralische Maximalismus ist aufgrund seiner Komplexität von vornherein konfliktanfällig. Eine dicke Moral ist Walzer zufolge gerade durch „komplexe Gleichheit" ausgezeichnet, also dadurch, dass in Gemeinschaften unterschiedliche Gerechtigkeitsvorstellungen in Abhängigkeit von sozialen Sphären existieren. Da in Gesellschaften überdies verschiedene Gemeinschaften interagieren, sind Gerechtigkeitskonflikte zwischen dicken Moralen hochwahrscheinlich. Der moralische Minimalismus hat demgegenüber den Vorteil, dass er auf einen Konsens vertrauen darf. Wir sehen gravierendes Unrecht, wenn es uns begegnet. Normen, die darauf Bezug nehmen, sind kaum umstritten. Der Begriff der Menschenwürde – und seine semantischen Äquivalente – dürften vermutlich darunterfallen, bezeichnen sie doch ein unveräußerliches Gut, dessen Verletzung zumindest nach dem heutigen Stand der Dinge weltweit unmittelbar Empörung nach sich zieht. Wie stark diese Empörung ist, mag von vielen empirischen Gegebenheiten abhängen und auch einer Ökonomie der Aufmerksamkeit unterliegen. Aber nur wenige Personen werden aller Voraussicht nach einer elementaren Verletzung der Menschenwürde gleichgültig gegenüberstehen. Die Friedensdenkschrift formuliert diesen moralischen Minimalismus, der die Pluralität von Begründungen der Menschenwürde einschließt, folgendermaßen:

> „Gerechter Friede dient menschlicher Existenzerhaltung und Existenzentfaltung; er muss deshalb immer und in jeder seiner Dimensionen auf der Achtung der gleichen menschlichen Würde aufbauen. Nach christlichem Verständnis besteht die Menschenwürde in der Bestimmung des Menschen zur Gottebenbildlichkeit, d. h. zu einer Gemeinschaft mit Gott, durch die der Mensch zugleich als Repräsentant Gottes und als der Verantwortung fähiges Subjekt ausgezeichnet wird. Auch wer die Menschenwürde auf andere Weise begründet, kann der Folgerung zustimmen, dass ein menschliches Leben in Würde als Minimum den Schutz vor Demütigung, d. h. der sozialen Bedingungen der Selbstachtung erfordert" (EKD 2007, Ziff. 79).

Ein Begriff des gerechten Friedens, der auf einem solchen moralischen Minimalismus gründet, darf also auf Zustimmung hoffen. Er kann auf die basalen Bedürfnisse von Menschen unabhängig ihrer konkreten Lebensumstände verweisen und auf entsprechende Ansätze zurückgreifen, die auch im Kontext der Friedens- und Konfliktforschung Verwendung gefunden haben (vgl. beispielsweise Burton 1990). Mit ihnen lässt sich etwa argumentieren, dass gerechte Konfliktlösungen damit beginnen sollten, dass alle Konfliktparteien wechselseitig ihre elementaren Bedürfnisse anerkennen, bevor darüber hinausgehende Forderungen – vor allem auch Gerechtigkeitsforderungen – formuliert werden. Ein solcher gerechter Frieden produziert allerdings nur schwache Bindungen. Er basiert zunächst einmal auf der Vermeidung von Grausamkeiten, bietet darüber hinaus aber wenig Möglichkeiten für eine stärkere Integration der Konfliktparteien. Mit Recht lässt sich die Frage stellen, ob ein solcher Frieden, der erkennbar auf die Abwesenheit direkter personaler Gewalt bezogen ist, überhaupt ein gerechter Frieden ist. Selbst wenn man das internationale Recht als Bestandteil eines moralischen Minimalismus definieren würde, bliebe es bei der Diagnose, dass ein solcher Frieden das *Radical Disagreement* (Ramsbotham 2010) von Konfliktparteien kaum aus der Welt schaffen kann. Internationales Recht kann als Institutionalisierung eines Gerechtigkeitsminimalismus gelten. Zugleich lassen sich zahlreiche Beispiele dafür finden, dass eine Orientierung am internationalen Recht – und vor allem am internationalen Strafrecht – die Beilegung von Konflikten erschwert. Die *Peace-versus-Justice*-Diskussion zu der Frage, ob Kompromissen zwischen Konfliktparteien und gegebenenfalls auch Amnestien gegenüber einer unbedingten strafrechtlichen Verfolgung internationaler Verbrechen um des Friedens willen der Vorzug gegeben werden sollte, liefert dafür ein gutes Beispiel (Sriram 2004).

Wie sieht es mit der Alternative des gerechten Friedens als moralischer Maximalismus aus? Wird der gerechte Frieden als dicke Moral konzipiert, fußt er offenkundig auf Prinzipien, die nicht von allen Gemeinschaften geteilt werden. Er ist also viel stärker als der moralische Minimalismus konfliktanfällig. Dafür bietet er jedoch den Konfliktparteien ein höheres Maß an Integration, wenn sie bereit sind, seine Gerechtigkeitsprinzipien in ihre moralischen Überzeugungen aufzunehmen. Dass sie dies tun, lässt sich nur schwer erzwingen – und wenn, steht natürlich sofort die Frage im Raum, ob dies noch als gerecht gelten kann. Die Friedensdenkschrift formuliert Aspekte des gerechten Friedens, die nach Walzers Maßstäben fraglos zu einem moralischen Maximalismus gehören, weil sie den Traditionen einer partikularen Gemeinschaft entstammen. Dies gilt keineswegs nur für die offenkundige und ja auch sachlogisch zu erwartende Einbettung des gerechten Friedens in ein christliches Gerechtigkeitsverständnis, sondern auch für die in der Denkschrift offenkundige Kopplung der Gerechtigkeit an staatliche und insbesondere an liberale Formen von Herrschaft (vgl. EKD 2007, Ziff. 82). Dass eine solche Beschreibung des gerechten Friedens außerhalb einer spezifischen Interpretationsgemeinschaft, innerhalb derer sie formuliert wurde, Anerkennung findet, mag nicht ausgeschlossen sein, aber es bedarf zumindest einiger Übersetzungsleistungen. Der Preis für eine dicke Moral des gerechten Friedens, der mit einer starken Handlungsorientierung einhergeht und einen einigermaßen sicheren friedensethischen Kompass auch für Friedenspolitik bietet, besteht darin, dass eine solche Moral auf Widerspruch und Widerstand stößt. Sie kann ihre Gerechtigkeit nur intern plausibilisieren und wird sich mit alternativen Gerechtigkeitsvorstellungen auseinandersetzen müssen. Da es an einer positiven Gemeinschaften transzendierenden Moral mangelt, bleibt an dieser Stelle zunächst einmal nur, solche Übersetzungen in Angriff zu nehmen. Man kann skeptisch bleiben, ob solche Übersetzungen gelingen können, denn der Sinn von Gerechtigkeitsvorstellungen besteht ja Walzer zufolge gerade darin, dass Gemeinschaften moralische Regeln für sich selbst entwickeln und weniger darin, diese in Relation zu anderen Gemeinschaften gleich wieder infrage zu stellen. Vielleicht mag der Vorschlag von Amartya Sen und Christa Krüger (2010) hier weiterhelfen, der dafür plädiert hat, einen kulturübergreifenden Dialog über Fragen der Gerechtigkeit auf konkrete Phänomene des Unrechts zu fokussieren und damit zwischen den Kommunikationsmodi eines moralischen Maximalismus und eines moralischen Minimalismus hin und her zu pendeln. Die Gegenüberstellung zwischen einem am moralischen Maximalismus und einem am moralischen Minimalismus orientierten Konzept des gerechten Friedens hat gezeigt, dass beide Positionen vor Dilemmata stehen. Der moralische Maximalismus erhöht die Bindungskraft des gerechten Friedens, aber auch dessen Konfliktanfälligkeit. Der moralische Minimalismus mag weniger Konflikte provozieren, aber er bietet nur eine schwache Grundlage für eine nachhaltige Konfliktregelung zwischen widerstreitenden Gerechtigkeitsauffassungen.

4 Gerechter Frieden als dicke Moral

Im vorherigen Abschnitt habe ich den Versuch unternommen, zwischen zwei Alternativen für das Konzept des gerechten Friedens zu unterscheiden und herauszuarbeiten, welche Vor- und welche Nachteile ein Konzept des gerechten Friedens hat, das entweder als dicke oder als dünne Moral konzipiert wird. In der Friedensdenkschrift finden sich, wie ich an zwei Abschnitten illustriert habe, Hinweise für beide Positionen. Beide gehen mit der Herausforderung einer Pluralität von Gerechtigkeit, die sich zu Gerechtigkeitskonflikten verdichten kann, unterschiedlich um. Der moralische Minimalismus versucht sich neutral gegenüber besonderen Gerechtigkeitskonzeptionen zu verhalten, während der moralische Maximalismus auf die bindende Kraft moralischer Überzeugungen setzt, die in partikularen Gemeinschaften formuliert werden. Pluralität ist unter diesen Umständen ebenso zu erwarten wie Konflikt. In diesem Abschnitt möchte ich nun argumentieren, dass der gerechte Frieden zwar als dünne Moral konzipiert, er aber vor dem Hintergrund der Gemeinschaftsabhängigkeit moralischer Überzeugungen grundsätzlich als dicke Moral aufgefasst werden kann. Man kann dies an dem Stellenwert able-

Gerechter Frieden als moralischer Maximalismus

sen, den Menschenrechte für das Konzept des gerechten Friedens spielen. Dazu heißt es beispielsweise in der Friedensdenkschrift:

> „Die politische Gerechtigkeit, an der sich eine Weltfriedensordnung als Rechtsordnung orientieren muss, findet ihre Konkretisierung in den Menschenrechten. Menschenrechte sind Ausdruck des Postulats, dass allen Menschen schon kraft ihres Menschseins, unabhängig von ihren biologischen, sozialen, kulturellen und individuellen Unterschieden moralisch begründete Rechte zuzuerkennen sind, die von jeder legitimen Rechtsordnung gewährleistet werden müssen. Die oft behauptete Kulturabhängigkeit der Menschenrechtsidee relativiert sich, wenn man erkennt, dass es sich bei Menschenrechtsforderungen (unbeschadet ihrer Entstehung im europäischen Kontext) um Antworten auf elementare Unrechtserfahrungen handelt" (EKD 2007, Ziff. 88).

In dieser Passage lässt sich das Bemühen erkennen, Menschenrechte als Bestandteil eines moralischen Minimalismus im Sinne Walzers zu beschreiben. Dass Menschenrechte eine universelle Geltung besitzen, kommt dieser Interpretation durchaus entgegen. Zugleich stoßen sie aber auch auf Ablehnung und Widerstand, insbesondere dann, wenn es um ihre lokale Einbettung und die Delegitimierung tradierter sozialer Praktiken geht. In dieser Hinsicht generieren sie in hohem Maße soziale und kulturelle Konflikte. Dies liegt vor allem daran, dass die Gerechtigkeitsvorstellungen einer dünnen Moral von Gemeinschaften als Bestandteile einer dicken Moral betrachtet werden können, die ihnen äußerlich ist. Stellt man sich nämlich die dünne Moral als eine Art Konsens unterschiedlicher dicker Gerechtigkeitsvorstellungen vor, verfehlt man den Sinn des moralischen Minimalismus, der Walzer zufolge eben gerade keine Schrumpfversion von Moral ist, die unabhängig von Gemeinschaften existieren könnte, die ihre moralische Überzeugungen entwickeln. Eine solche Suche nach einem „moralischen Esperanto" (Walzer 1994, S. 6), das sozusagen alle Gemeinschaften zu sprechen in der Lage sind, ist aus Walzers Sicht eine vergebene Liebesmüh.

Soziologisch lässt sich Walzers Argument insofern bekräftigen, als die Frage, ob etwas Bestandteil einer dicken oder einer dünnen Moral ist, offenbar abhängig vom jeweiligen Beobachter ist. Außerhalb des Beobachters existiert keine dicke oder dünne Moral. Es mag sein, dass wir bestimmte Gerechtigkeitsprinzipien wie das Recht auf freie Rede oder auf materielle Grundversorgung für Bestandteile einer dünnen, im Prinzip von allen geteilten Gerechtigkeitsvorstellung halten. Aber es ist genauso gut möglich, dass bestimmte Interpretationsgemeinschaften diese Rechte als Ausdruck einer dicken, auf den Traditionen okzidentaler Moraldiskurse beruhenden Gerechtigkeit auffassen. Selbstverständlich kann man solchen Interpretationsgemeinschaften vorwerfen, sie verstünden den Sinn der universellen Geltung abstrakter Normen nicht, aber genau an dieser Stelle entzündet sich dann ein Konflikt zwischen verschiedenen Gerechtigkeitsvorstellungen, die sich mit Walzer jeweils als dicke Versionen von Gerechtigkeit verstehen lassen. Dass bestimmte Gerechtigkeitsprinzipien international den Status universell gültiger Normen haben, beruht demzufolge nicht darauf, dass sie möglichst abstrakt sind, sodass ihnen alle partikularen Gemeinschaften zustimmen können, sondern darauf, dass sie letztlich in das moralische Vokabular der jeweiligen Gemeinschaften Einzug gehalten haben und folglich auch Bestandteile der Gerechtigkeitskonzeptionen solcher Gemeinschaften geworden sind. Universelle Normen sind Walzer zufolge gerade nicht Bestandteile einer *Freestanding Morality*. „It simply designates some reiterated features of particular thick or maximal moralities" (Walzer 1994, S. 9).

In dieser Hinsicht bleibt das Konzept des gerechten Friedens immer schon eine dicke Moral. Die kritische Diskussion zu liberalen Konzepten der Aufarbeitung von Massengewalt und Repression macht deutlich, dass Normen, die wir als Bestandteil einer dünnen Moral auffassen können, unter bestimmten Bedingungen als Bestandteile von Gerechtigkeitskonzeptionen betrachtet werden, die auf Ablehnung stoßen. Dies gilt auch für die in der Friedensdenkschrift formulierte Notwendigkeit der Anerkennung kultureller Vielfalt als zentraler Bestandteil des gerechten Friedens. Ein solcher kultureller Pluralismus ist selbst Bestandteil einer dicken Moral:

> „Cultural pluralism is a maximalist idea, the product of a thickly developed liberal politics. Minimalism depends on something less: most simply, perhaps, on the fact that we have moral expectations about the behavior not only of our fellows but of strangers too" (Walzer 1994, S. 16).

Internationale Ansätze von *Transitional Justice* beziehen sich in hohem Maße auf solche Normen wie etwa das Recht auf Wahrheit und Entschädigung, die als zentrale Elemente einer globalen Gerechtigkeit im Kontext der Aufarbeitung gewaltvoller Vergangenheiten gelten. Ein Frieden ist aus dieser Sicht nur dann gerecht, wenn Opfer ihre Würde zurückerhalten, was in der Regel mit der Durchführung von Wahrheits- und Versöhnungskommissionen und der (symbolischen oder materiellen) Entschädigung für erlittenes Unrecht einhergeht. Unsere Empathie für und Solidarisierung mit Opfern von Gewalt und Unterdrückung fußt nun allerdings, wie Walzer argumentiert, weniger auf einer solchen, umfassenden Gerechtigkeitsvorstellung, sondern einfach darauf, dass wir offensichtliches Unrecht als solches erkennen. Weiter reichende Schlussfolgerungen wie etwa die Notwendigkeit der Einrichtung von Wahrheitskommissionen oder der Bestrafung von Tätern basieren hingegen auf starken Gerechtigkeitsvorstellungen, die im Zweifel von den betroffenen Gemeinschaften – und selbst von direkten Opfern – als wenig plausibel betrachtet werden können. In solchen Fällen zeigt sich, dass Gerechtigkeitsvorstellungen letztlich immer Teil von Interpretationsgemeinschaften bleiben, auch wenn es eine Reihe normativer Prinzipien gibt, die die engen Grenzen solcher

Gemeinschaften überschreiten. Ob eine friedliche Konfliktbewältigung aber als gerecht aufgefasst wird, hängt in hohem Maße davon ab, dass sie von den Beteiligten als etwas betrachtet wird, das im Einklang mit ihren moralischen Überzeugungen steht. Die Kritik am internationalen Strafgerichtshof, er würde nur Verbrechen in afrikanischen Staaten anklagen und sich darüber hinaus politisch instrumentalisieren lassen, zeugt – bei allem politischen Kalkül, das hinter dieser Kritik stehen mag – auch davon, dass der moralische Minimalismus dünner Gerechtigkeitsvorstellungen empirisch immer schon im Lichte einer dicken Moral interpretiert wird. Ein Liberalismus, der auf die – aus dieser Sicht schwache – Kraft universeller Normen vertraut, hat deshalb Schwierigkeit, bewaffnete Konflikte beizulegen, weil diese typischerweise auf „fundamental disagreements between communities" (Allan und Keller 2006, S. 1) beruhen.

5 Gerechter Frieden als normative Praxis: für eine Empirie des gerechten Friedens

Bislang habe ich zu zeigen versucht, dass das Konzept des gerechten Friedens als moralischer Maximalismus verstanden werden muss, denn auch eine am Minimalismus orientierte Fassung des gerechten Friedens kann aus der Perspektive von Gemeinschaften als dicke Moral erscheinen. Dem Maximalismus ist offensichtlich auch ein gewisses Konfliktpotenzial eigen, sodass die Hoffnung auf eine spannungsfreie Verbindung von Gerechtigkeit und Frieden enttäuscht werden muss. Doch folgt daraus, dass um des Friedens willen auf eine Verbindung zwischen Frieden und Gerechtigkeit lieber verzichtet werden sollte? Ich möchte in diesem Schlussabschnitt dafür plädieren, das Verständnis des gerechten Friedens als einen Dilemma-behafteten moralischen Maximalismus pragmatistisch

Gerechter Frieden als moralischer Maximalismus 125

zu wenden und es als Hinweis darauf zu verstehen, dass wir über den gerechten Frieden unter Umständen weniger prinzipien-, sondern eher akteurszentriert, das heißt soziologisch nachdenken sollten. Beides schließt sich freilich nicht aus, aber ich möchte abschließend zumindest das Potenzial andeuten, dass sich aus einer solchen soziologischen Betrachtung für die Diskussion um das Konzept des gerechten Friedens ergibt. Ausgangspunkt dafür ist zunächst Walzers Argument, dass Gerechtigkeitsvorstellungen in Gemeinschaften in Auseinandersetzung mit ihren jeweiligen Traditionen und Narrativen entwickelt werden. Akteure können sich demzufolge reflexiv zu den moralischen Überzeugungen und Normen verhalten, die sie vorfinden, ansonsten wäre ein Wandel von Gerechtigkeitsvorstellungen unmöglich. Genau an diesem Punkt setzt eine soziologische Betrachtung an, die Gerechtigkeit weniger als normatives Prinzip der Rechtfertigung, sondern als normative Praxis begreift. Eine solche akteurszentrierte Perspektive ist weniger an der Entwicklung von Maßstäben für die Bewertung einer politischen Praxis interessiert. Sie formuliert kein ausgefeiltes normatives Programm. Vielmehr zielt sie auf die Fähigkeit von Akteuren, vor allem aber auch auf ihre Befähigung, ihr Handeln zu rechtfertigen und sich somit auch kritisch gegenüber Gerechtigkeitsvorstellungen moralischer Gemeinschaften zu verhalten. In ihrer „Soziologie der kritischen Urteilskraft" haben Luc Boltanski und Laurent Thévenot (2007) diese Fähigkeit von Akteuren in den Mittelpunkt gerückt. Zugleich nehmen sie die unabweisbare Pluralität der Gerechtigkeit zum Ausgangspunkt, indem sie zeigen, dass Akteure auf normative Vorstellungen zurückgreifen, wenn sie in alltäglichen Situationen Dispute bewältigen müssen.

Die empirische Pluralität maximalistischer und widerstreitender Moralwelten, mit denen sich Akteure konfrontiert sehen, löst ihnen zufolge einen Rechtfertigungsdruck aus, der es erfordert, dass Akteure aus einer solchen konflikthaften und unstimmigen

Situation gewissermaßen heraustreten und sie gleichsam von außen beurteilen (Boltanski und Thévenot 2007, S. 317). Anders gesagt: In pluralen Gesellschaften erwarten, erleben und äußern Akteure Kritik, die sie wiederum dazu nötigt, den Handlungszusammenhang zu verlassen und eigenes und fremdes Handeln zu beurteilen und zu rechtfertigen, sich also reflexiv auf Handeln zu beziehen. Akteure haben folglich eine

> „reflexive Distanz zu Institutionen und haben die kognitive und handlungspragmatische Kapazität, mit Institutionen im Alltag kritisch-reflexiv umzugehen. Akteure sind gedacht als kompetente Kritiker der Angemessenheit von Institutionen, die Institutionen reflexiv handhaben und einsetzen, aber auch abändern und erfinden" (Diaz-Bone 2011, S. 267).

Diese im Kern pragmatistische Konzeption der „judging agents" (Celikates 2006, S. 32) wirft ein etwas anderes Licht auf die Herausforderung und die Komplexität moralischer Pluralität. Walzer zufolge sind moralische Gemeinschaften in erster Linie Interpretationsgemeinschaften, in denen Akteure ihre normativen Überzeugungen mit Blick auf dahinter liegende Werte entwickeln. In sozial komplexen und kulturell diversen Gesellschaften ist deshalb nicht zu erwarten, dass sich breite moralische Konsense jenseits der Geltungskraft des Rechts herausbilden. Dies scheitert schon daran, dass – mit Max Weber gesprochen – für unterschiedliche Wertsphären auch unterschiedliche normative Maßstäbe gelten, die sich nicht ineinander übersetzen lassen. Für unterschiedliche Güter gibt es unter diesen Bedingungen keine Gesamtverteilungsformel, sondern nur jeweils auf bestimmte Sachgebiete begrenzte Distributionsregeln, nach denen etwa öffentliches Ansehen, Zuneigung, soziale Unterstützung oder Bildung verteilt werden (Walzer 1994, S. 26ff.). Gerechtigkeitskonflikte sind unter diesen Umständen in pluralen Gesellschaften erwartbar – auch, weil sich das Dilemma des moralischen Maximalismus (je stärker die Bindung, desto größer das Konfliktpotenzial) eben nicht in ein moralisches Esperanto auflösen lässt. Lenkt man nun den Blick von der Frage nach normativen Kriterien der Gerechtigkeit, die nicht nur für Walzer, sondern auch für die Debatte um das Verhältnis von Frieden und Gerechtigkeit bislang im Mittelpunkt stand, auf die sozialen Akteure, die moralische Prinzipien im Rahmen ihrer interpretativen Alltagspraxis auslegen, so wird deutlich, dass Akteure immer schon auf Gerechtigkeitskonflikte reagieren, mit denen sie sich konfrontiert sehen. Gerechtigkeit hat offenbar viel damit zu tun, wie Akteure Handeln, Normen oder Prinzipien rechtfertigen und welche moralischen Überzeugungen sie dafür in Anschlag bringen. Akteure sind aus Sicht einer pragmatistischen Handlungstheorie, wie sie von Boltanski und Thévenot (2007) vertreten wird, nicht einfach Ausführende moralischer Prinzipien, sondern sie verhalten sich zu diesen, indem sie ihr Handeln und ihre Überzeugungen unter Rekurs auf Normen rechtfertigen. Akteure – und nicht nur Moralphilosophinnen und -philosophen – besitzen dementsprechend kritische Kapazitäten, die es ihnen erlauben, sich zu vorgefundenen normativen Prinzipien zu verhalten. Pluralität bedeutet in diesem Zusammenhang also nicht nur Pluralität der moralischen Gemeinschaften oder Pluralität der Wertsphären, sondern wesentlich Pluralität – und damit auch Konflikte – der Rechtfertigungen von Akteuren in konkreten sozialen Situationen. Das Tragen religiöser Symbole am Arbeitsplatz kann etwa mit dem Verweis auf die Religionsfreiheit gerechtfertigt werden, während andere sich dadurch gerade in ihren religiösen (oder auch areligiösen) Gefühlen verletzt sehen. Zugleich können Arbeitgeber oder Betriebsrat wiederum Argumente des Betriebsfriedens oder vielleicht sogar der Arbeitssicherheit ins Feld führen. Politisch lässt sich der Konflikt zu einer Frage nach kultureller Identität und existenzieller Bedrohung von Wertegemeinschaften stilisieren, während moraltheoretisch an diesem Fall über das Problem universeller Wertgeltung räsoniert werden kann. All diese Umgangsweisen lassen sich aber – und dies ist in diesem Zusammenhang entscheidend – als normative Praktiken kognitiv kompetenter Akteure verstehen, die sich in solchen komplexen Gerechtigkeitskonflikten befinden und bewegen. Aus Sicht der Akteure bedeutet der moralische Maximalismus deshalb, dass sich in konkreten sozialen Situationen unterschiedliche Rechtfertigungspraktiken begegnen, wobei die Akteure selbst auf die Dissonanz ihrer Praktiken wiederum reagieren können – etwa mit Strategien der Kompromissfindung oder der Relativierung eigener Positionen, aber selbstverständlich auch der Beharrung auf eigene Standpunkte und der Abwertung anderer (Boltanski und Thévenot 2007, S. 448ff.).

Zwei Schlussfolgerungen möchte ich abschließend aus dieser Charakterisierung von Gerechtigkeitskonflikten mit Blick auf die Diskussion um das Verhältnis von Gerechtigkeit und Frieden formulieren. Empirisch ergibt sich aus der akteurszentrierten Rekonstruktion von Gerechtigkeitskonflikten, die ich hier nur grob andeuten konnte, dass wir mehr über die Rechtfertigungspraktiken von Akteuren in solchen Gerechtigkeitskonflikten in Erfahrung bringen sollten. Worauf beziehen sich Akteure, wenn sie sich in Gerechtigkeitskonflikte verstrickt sehen? Welche Vorstellungen von Frieden etwa bringen sie in Anschlag? Roger Mac Ginty und Pamina Firchow (2016) etwa haben in einer vergleichenden Untersuchung zu lokalen Wahrnehmungen von Frieden und Sicherheit in gespaltenen und konfliktgeprägten Gesellschaften gezeigt, dass Gemeinschaften spezifische, von ihren Erfahrungen, aber auch vor dem Hintergrund ihrer moralischen Lebenswelt geprägte Vorstellungen über Frieden und Gerechtigkeit entwickeln, die mitunter stark von den Rechtfertigungspraktiken internationaler Akteure in Nachkriegsgesellschaften abweichen. Will man das

Konflikt-, aber auch das Friedenspotenzial des Konzepts eines gerechten Friedens ausleuchten, so erscheint es mithin sinnvoll, nicht nur darauf hinzuweisen, dass eine bestimmte Konzeption immer schon Bestandteil eines moralischen Maximalismus ist, sondern darüber hinaus auch zu konstatieren, dass der gerechte Frieden selbst wiederum eine empirische Rechtfertigungspraxis normativ engagierter Akteure ist, die in Widerspruch zu anderen Rechtfertigungspraktiken geraten kann.

In normativer Hinsicht lässt sich aus der hier skizzierten pragmatistischen Perspektive die Konsequenz ziehen, dass die Frage der friedlichen Austragung von Konflikten angesichts sozialer und kultureller Pluralität eng mit der Fähigkeit von Akteuren verbunden ist, sich zu normativen Prinzipien und Institutionen, vor allem aber auch in Situationen des normativen Dissens reflexiv zu verhalten. Gerechtigkeit ist nicht nur eine Frage des richtigen Prinzips, sie ist vor allem eine Frage der Befähigung – nicht zuletzt der Befähigung zu Toleranz. Boltanski und Thévenot (2007) machen in ihrer Studie „Über die Rechtfertigung" deutlich, dass Akteure sehr unterschiedlich auf Störungen des Handlungsablaufs durch normativen Dissens reagieren – etwa mit Wut und Eskalation, häufig aber auch mit einer Reflexion auf die Gründe, die den normativen Dissens hervorgerufen haben. An dieser Stelle setzen dann die Rechtfertigungspraktiken der Akteure ein, die zu definitiven Urteilen und damit zur Beendigung des Dissenses und zur Fortsetzung des Handlungsverlaufs führen sollen. Eine wichtige (praktische und nicht unbedingt moralische) Fähigkeit dabei ist, zwischen dem Urteil und der Person zu unterscheiden und die Beurteilung eines Handelns nicht schon als eine Beurteilung der Person zu verstehen.

> „Humanität beim Urteil walten zu lassen bedeutet, dass man sich nicht darauf beschränkt, den Begriff, den man sich von den Personen macht, an dieser Beurteilung festzumachen. Sie hat vielmehr

zur Voraussetzung, dass man im weiteren Verlauf der Handlung das Spannungsverhältnis zwischen der Beurteilung der Personen-Zustände und dem Verständnis des Begriffs der Person als eines nicht auf seine Beurteilung reduzierbaren Wesens akzeptiert. Diese Haltung zeigt sich daran, dass man nicht jedes Handeln als Prüfung auffasst, dass man also am Handeln beteiligt bleibt, ohne ständig darauf zu achten, ob es mit dem Urteil konform geht. Das verlangt eine gewisse Toleranz gegenüber den Abweichungen, mit denen man umgeht, als würden sie keine Konsequenzen nach sich ziehen. Toleranz wird hier nicht als eine moralische Haltung verstanden, sondern als ein Erfordernis der Pragmatik. Ohne sie wäre eine Wiederaufnahme des Handlungsverlaufs blockiert" (Boltanski und Thévenot 2007, S. 475).

Toleranz meint in diesem Zusammenhang letztlich die Fähigkeit, normative Urteile zu fällen – damit gewissermaßen den Standpunkt des moralischen Maximalismus einzunehmen – und dabei die Fortsetzung der Interaktion nicht davon abhängig zu machen, dass andere diesen Urteilen jeweils zustimmen.

Ich habe den Beitrag mit einer skeptischen Bemerkung gegenüber moralischen Fundierungen politischen Handelns begonnen, die selbstverständlich auch das friedenspolitische Handeln einschließt. Ein Grund dafür ist meine mit Luhmann (1990) geteilte Überzeugung, dass Moral in erster Linie ein Konfliktstoff ist. Das zeigt sich auch an dem Dilemma des moralischen Maximalismus, dem eine enge Verbindung von Frieden und Gerechtigkeit meines Erachtens nicht ausweichen kann. Allerdings muss dies keineswegs in einen friedenspolitischen Defätismus münden. Vielmehr eröffnet eine akteurszentrierte Betrachtung von Gerechtigkeit als normative Rechtfertigungspraxis eine Perspektive darauf, dass soziale Akteure solche Dilemmata kennen und sie selbst in Gerechtigkeitskonflikten auch immer schon bearbeiten. Und zugleich ruft dies uns auch dazu auf, den Blick stärker als bislang auf die Kapazitäten von Akteuren zu richten, mit Gerechtigkeitskonflikten umzugehen statt nach einer möglichst einfachen moralischen Universalsprache zu suchen, die von den konfliktgeprägten Lebenswelten der Akteure maximal weit entfernt ist.

Literatur

Allan, Pierre und Alexis Keller. 2006. Introduction: Rethinking Peace and Justice Conceptually. In *What is a Just Peace?*, hrsg. von Pierre Allan und Alexis Keller, 1-11. Oxford: Oxford University Press.

Boltanski, Luc und Laurent Thévenot. 2007. *Über die Rechtfertigung. Eine Soziologie der kritischen Urteilskraft*. Hamburg: Hamburger Edition.

Burton, John (Hrsg). 1990. *Conflict: Human Needs Theory*. Basingstoke, U. K.: Macmillan.

Celikates, Robin. 2006. From Critical Social Theory to a Social Theory of Critique: On the Critique of Ideology after the Pragmatic Turn. *Constellations* 13 (1): 21-40.

Daase, Christopher und Christoph Humrich. 2015. *Just Peace Governance*. Forschungsprogramm des Leibniz-Instituts Hessische Stiftung Friedens- und Konfliktforschung, Frankfurt. HSFK-Arbeitspapier 25. https://www.hsfk.de/fileadmin/HSFK/hsfk_publikationen/PRIF_WP_01.pdf. Zugegriffen: 20. November 2017.

Den Hartogh, Govert. 1999. The Architectonic of Michael Walzer's Theory of Justice. *Political Theory* 27 (4): 491-522.

Diaz-Bone, Rainer. 2011. Ein neuer pragmatischer Institutionalismus. Symposiumsbeitrag zu: Luc Boltanski und Laurent Thévenot, 2007. Über die Rechtfertigung. Eine Soziologie der kritischen Urteilskraft. Hamburg: Hamburger Edition. *Soziologische Revue* 34 (3): 263-269.

EKD. 2007. *Aus Gottes Frieden leben – für gerechten Frieden sorgen. Eine Denkschrift des Rates der Evangelischen Kirche in Deutschland*. Gütersloh: Gütersloher Verlagshaus.

García González, Dora. 2013. Konzeptionen von der Universalität der Gerechtigkeit in der mexikanischen politischen Philosophie. In *Auf dem Weg zu einer gerechten Universalität. Philosophische Grundlagen und politische Perspektiven*, hrsg. von Raúl Fornet-Betancourt, Hans Schelkshorn und Franz Gmainer-Pranzl, 111-126. Aachen: Wissenschaftsverlag Mainz.

Geis, Anna, Lothar Brock und Harald Müller. 2007. Demokratische Kriege als Antinomien des Demokratischen Friedens: Eine komplementäre Forschungsagenda. In *Schattenseiten des Demokratischen Friedens – Zur Kritik einer Theorie liberaler Außen- und Sicherheitspolitik*, hrsg. von Anna Geis, Harald Müller und Wolfgang Wagner, 69-91. Frankfurt a. M.: Campus.

Haspel, Michael. 2017. Die Renaissance der Lehre vom gerechten Krieg in der anglo-amerikanischen Debatte: Michael Walzer. In *Handbuch Friedensethik*, hrsg. von Ines-Jacqueline Werkner und Klaus Ebeling, 315-325. Wiesbaden: Springer Fachmedien.

Hirschman, Albert. 1994. Wie viel Gemeinsinn braucht die liberale Gesellschaft? – Über „teilbare" und „unteilbare Konflikte". *Leviathan* 22 (2): 293–304.

Höffe, Otfried. 2008. Gerechtigkeit in Zeiten der Globalisierung. In *Was eint uns? Verständigung der Gesellschaft über gemeinsame Grundlagen*, hrsg. von Bernhard Vogel, 158-172. Freiburg: Herder.

Hoffmann, Stanley. 2006. Peace and Justice: A Prologue. In *What is a Just Peace?*, hrsg. von Pierre Allan und Alexis Keller, 12-18. Oxford: Oxford University Press.

Luhmann, Niklas. 1990. *Paradigm lost: über die ethische Reflexion der Moral. Rede anlässlich der Verleihung des Hegel-Preises 1989*. Frankfurt a. M.: Suhrkamp.

Mac Ginty, Roger und Pamina Firchow. 2016. Top-down and bottom-up narratives of peace and conflict. *Politics* 36 (3): 308–323.

Ramsbotham, Oliver. 2010. *Transforming Violent Conflict: Radical Disagreement, Dialogue and Survival*. New York: Routledge.

Schmidt, Volker. 1992. Lokale Gerechtigkeit. Perspektiven soziologischer Gerechtigkeitsanalyse. *Zeitschrift für Soziologie* 21 (1): 3-15.

Sen, Amartya und Christa Krüger. 2010. *Die Idee der Gerechtigkeit*. München: Beck.

Senghaas-Knobloch, Eva. 2009. „…für gerechten Frieden sorgen". Zur Einführung in die neue Friedens-Denkschrift des Rats der EKD. In *Gerechter Krieg – gerechter Frieden. Religionen und friedensethische Legitimationen in aktuellen militärischen Konflikten*, hrsg. von Ines-Jacqueline Werkner und Antonius Liedhegener, 135-148. Wiesbaden: VS Verlag für Sozialwissenschaften.

Sriram, Chandra Lekha. 2004. *Confronting Past Human Rights Violations: Justice vs. Peace in Times of Transition.* London: Cass.

Walzer, Michael. 1977. *Just and Unjust Wars: A Moral Argument with Historical Illustrations.* New York: Basic Books.

Walzer, Michael. 1992. *Sphären der Gerechtigkeit. Ein Plädoyer für Pluralität und Gleichheit.* Frankfurt a. M.: Campus.

Walzer, Michael. 1994. *Thick and Thin: Moral Argument at Home and Abroad.* Notre Dame: University of Notre Dame Press.

Wie weiter mit dem gerechten Frieden?
Ein Ausblick

Horst Scheffler

Gerechtigkeit ist eine friedensethische Leitkategorie und lässt sich in unterschiedlichster Weise ausdifferenzieren. Dabei sind nicht nur ganz verschiedene Gerechtigkeitsverständnisse zu unterscheiden (vgl. beispielsweise Lohmann 2017), sondern Frieden und Gerechtigkeit werden auch im Konzept des gerechten Friedens unterschiedlich zueinander in Beziehung gesetzt. Hierbei fallen drei Verhältnisbestimmungen auf: Frieden und Gerechtigkeit können begrifflich-inhaltlich, normativ oder instrumentell aufeinander bezogen sein (Strub 2010, S. 44f.). Bernd Oberdorfer nennt den gerechten Frieden gar einen „weißen Schimmel" und fragt kritisch nach dem Mehrwert dieses Begriffes. Dass es nötig ist, das Verhältnis von Frieden und Gerechtigkeit näher und differenzierter in den Blick zu nehmen, als dies auch die EKD-Friedensdenkschrift leisten konnte, zeigt Matthias Dembinski in seinem Beitrag auf. Dies gilt auch für die Diskussionszusammenhänge um den gerechten Krieg, der wohl nicht so eindeutig verabschiedet werden kann, wie es die Denkschrift tut. Der entscheidende Paradigmenwechsel zum Konzept des gerechten Friedens wurde schon bei der Ökumenischen Versammlung in der DDR 1988 und 1989 betont:

„Mit der notwendigen Überwindung der Institution des Krieges kommt auch die Lehre vom gerechten Krieg, durch welche die Kirchen den Krieg zu humanisieren hofften, an ein Ende. Daher muss schon jetzt eine Lehre vom gerechten Frieden entwickelt werden, die zugleich theologisch begründet und dialogoffen auf allgemeinmenschliche Werte bezogen ist" (EKD 1991, S. 32).

1 Zum gerechten Frieden zwischen religiös-eschatologischer Vision und politisch-ethischem Leitbild

„Die biblische Sicht stützt ein prozessuales Konzept des Friedens. Friede ist kein Zustand (weder der bloßen Abwesenheit von Krieg, noch der Stillstellung aller Konflikte), sondern ein gesellschaftlicher Prozess abnehmender Gewalt und zunehmender Gerechtigkeit – letztere jetzt verstanden als politische und soziale Gerechtigkeit, d. h. als normatives Prinzip gesellschaftlicher Institutionen" (EKD 2007, Ziff. 80).

Dieses Verständnis von Frieden als Prozess übernimmt die EKD-Denkschrift auch für das Konzept des gerechten Friedens. Mit dem Konzept des gerechten Friedens wird die konstitutive Verbindung von Frieden und Gerechtigkeit, die den biblischen Schalom auszeichnet, begrifflich erfasst. Dieser weite biblische Friedensbegriff trägt stets eine eschatologische Dimension in sich. Die biblische Zuordnung von Frieden und Gerechtigkeit im Sinne einer engen Synthese, so zum Beispiel in Psalm 85,11 im poetischen Bild von Gerechtigkeit und Frieden, die sich küssen, lässt sich nicht ohne übersetzende Hermeneutik in die gegenwärtige Welt von Politik, Gesellschaft und Wirtschaft übertragen, in der Frieden und Gerechtigkeit immer wieder in eklatanten Gegensatz treten können. Dies ist heute der Fall und so war es auch schon zu biblischen Zeiten (vgl. den Beitrag von Lorenzo Scornaienchi). Welchen

Stellenwert für reale politische, gesellschaftliche und wirtschaftliche Zusammenhänge kann das Leitbild des gerechten Friedens dann haben, das biblisch vor allem in den eschatologischen Visionen der Propheten und Psalmen verortet ist? In der innerdeutschen Ökumene wird der gerechte Frieden als *magnus consensus* (EKD 2013, S. 8) angesehen und pointiert als politisch-ethisches Leitbild verstanden, aus dem sich auch konkrete Handlungsanweisungen ableiten lassen. Die Rede vom gerechten Frieden „steht insofern für eine Zielvorstellung, die jedoch nicht erst in ferner Zukunft, sondern hier und heute unser Denken bestimmen soll" (Brock 2017, S. 731).

2 Zum Standort des gerechten Friedens

Die Interdependenz von Frieden und Gerechtigkeit ist in der theologischen Friedensforschung unumstritten (vgl. etwa Reuter 2007, S. 175). Frieden und Gerechtigkeit scheinen sich gegenseitig zu interpretieren. Entscheidend für eine Ethik des gerechten Friedens ist der Faktor Gerechtigkeit als Kriterium zur Beurteilung von Krisen, Konflikten und Kriegen (vgl. Scheffler 2003, S. 142). Dabei ist auch zu beachten, dass praktisch kein Krieg ohne einen Rekurs auf Gerechtigkeit geführt wird (vgl. Brock 2017, S. 733). Das Ziel des gerechten Friedens liegt darin, eine Kriegssituation so zu beenden, dass „zwei oder mehr Parteien zugleich Frieden und Gerechtigkeit erlangen (Allan 2007, S. 148). Dieses Friedensverständnis ist gekennzeichnet durch eine Perspektive, die bewusst auch über den Frieden zwischen Staaten und Gesellschaften hinausreicht:

> „Der Topos vom gerechten Frieden bezieht sich ebenso sehr auf die innergesellschaftlichen Bedingungen der Herausbildung eines Friedens in Gerechtigkeit, was nicht zuletzt aus der zentralen

Stellung hervorgeht, die [...] der Geltung und der Garantie der Menschenrechte zugewiesen wird" (Strub 2010, S. 35).

Welche friedenszerstörenden Auswirkungen mangelnde soziale Gerechtigkeit, oft erkennbar an fehlender Verteilungsgerechtigkeit, haben kann, zeigt sich mit Blick auf innergesellschaftliche Konflikte und Bürgerkriege. Schon im Jahr 2000 beschrieben die deutschen Bischöfe in ihrem Hirtenwort „Gerechter Friede" die Auswirkungen fehlender Gerechtigkeit für den Frieden:

> „Die fortdauernde Ungerechtigkeit ist ein ständiger Gefahrenherd für den Frieden. [...] Die Menschen in den Industrieländern, die 20 % der Weltbevölkerung ausmachen, beanspruchen gegenwärtig etwa 80 % des globalen Ressourcenverbrauchs. Die Ausdehnung unseres Lebens- und Wirtschaftsstils auf die übrigen 80 % der Weltbevölkerung würde die Tragekapazität der Erde bei weitem überfordern. Von einem Teil der Welt wird gegenwärtig ein Wohlstandsmodell beansprucht, das nicht für die ganze Welt geeignet ist" (Deutsche Bischofskonferenz 2000, Ziff. 7).

Die weltweiten Flüchtlingsbewegungen zeigen deutlich, wie sich Ungerechtigkeiten in einem entfernteren Teil der Erde auch in Europa auswirken und auch in Deutschland als friedensgefährdend erlebt werden. Trotzdem gilt noch immer, was der Politikwissenschaftler Lothar Brock zur Anfrage an die Annahme einer Unteilbarkeit des Friedens formuliert hat: Unfrieden herrsche in weiten Teilen der Welt, „ohne dass dadurch das materielle Wohlbefinden der Menschen in den Industrieländern beeinträchtigt wird" (Brock 1995, S. 334). Exemplarisch lässt sich das Spannungsverhältnis von Frieden und Gerechtigkeit auch bei der Frage nach der Wirksamkeit des Konzeptes der *Responsibility to Protect* greifen. So untersucht Matthias Dembinski unter anderem in seinem Beitrag, ob die humanitäre Intervention nicht ein Oxymoron sei – also eine rhetorische Floskel, bei der zusammengefügt sei, was nicht zueinander passt –, deren Anwendung nur zu mehr Ungerechtigkeit und Leid führe. Jean-Daniel Strub verweist auf die Studie von Paul Collier (2003), der das Phänomen der *Conflict Trap* („Konfliktfalle") aufzeigt, nach dem Gesellschaften, die einen Bürgerkrieg erlebt haben, stärker gefährdet sind, erneut in bürgerkriegsartige Zustände zu geraten, als Gesellschaften, die keine derartigen Erfahrungen machen mussten. Die Beseitigung ungerechter Verhältnisse ist für die Beendigung und für die Prävention eines Bürgerkrieges dringend notwendig. So diagnostiziert Collier (2003, S. 53) als besondere Risikofaktoren etwa extreme Armut und eine sehr ungleiche Verteilung von Einkommen und Wohlstand. Auch das Streben nach Gerechtigkeit kann selbst ein Motiv für gewaltsame Auseinandersetzungen sein. Dies zeige sich besonders an Ungleichheiten zwischen verschiedenen – zumeist ethnischen – Gruppen in der Gesellschaft (vgl. Justino 2006). In Colliers Studie wird weiter deutlich, dass jeder Krieg zugleich vielfältige Folgen zurücklasse, die dann die Rückkehr zu einem stabilen Frieden besonders belasten (vgl. Collier 2003, S. 85). *Transitional Justice* ist der Terminus, der die Auseinandersetzung mit diesem Themenfeld von Vergangenheitsaufarbeitung und -bewältigung beschreibt.

Roger Mielke macht darauf aufmerksam, dass das Leitbild des gerechten Friedens seinen Standort an der unscharfen Grenze zwischen religiösen Akteuren und politischen Prozessen habe. In einer pluralen Gesellschaft bedeutet dies, dass der gerechte Frieden nicht zu trennen ist von seiner religiösen Verortung und trotzdem anschlussfähig bleiben muss für politische Handlungsoptionen. Der gerechte Frieden erscheint als „dichtes" Konzept des Guten. Dann gilt es, religiöse Überzeugungen im Sinne von Jürgen Habermas in Vernunftwahrheiten zu übersetzen und dabei zugleich die Dimension der Hoffnung fruchtbar zu machen für friedenspolitisches Handeln.

3 Zur Ebene ethischer Entscheidungsfindung des gerechten Friedens

Betrachtet man das Konzept des gerechten Friedens als politisch-ethisches Leitbild, stellt sich die Frage nach der Ebene ethischer Entscheidungsfindung, auf der es verankert werden kann. Thorsten Bonacker macht hier in seinem Beitrag den Vorschlag eines moralischen Maximalismus. Gerechtigkeit wird hier als kontingentes Ergebnis gesellschaftlicher Aushandlung verstanden: Akteurinnen und Akteure gebrauchen Prinzipien von Gerechtigkeit, um ihr Handeln zu rechtfertigen. Daraus ergibt sich eine notwendige Vielfalt von Gerechtigkeitsvorstellungen. Eine Lösung dieses Problems der Pluralität unterschiedlicher Auffassungen von Gerechtigkeit (soziale Komplexität und kulturelle Diversität) besteht in der Einigung auf einen Minimalkonsens, wie sich dies etwa in der liberalen Auffassung zeigt. Bonacker führt mit Michael Walzer hier einen Ansatz ein, der auf verschiedene „Sphären der Gerechtigkeit" in einer Gesellschaft verweist. Eine gerechte Verteilung gesellschaftlicher Güter mache es nötig, in einer Gesellschaft unterschiedliche Sphären mit je eigener Verteilungslogik zu unterscheiden. So könne sichergestellt werden, dass eine Person in einer machtvollen Stellung nicht auch in einem anderen Zusammenhang bevorzugt werde. Dieser moralische Maximalismus benötigt Gemeinschaften, innerhalb derer er Konsens ist. Dies bedeutet für den gerechten Frieden, dass er angewiesen bleibt auf die christlichen Kirchen. Dem Protestantismus als „Interpretationsgemeinschaft" (Roger Mielke) kommt hier, getragen von christlicher Praxis, eine wichtige Rolle zu. Die christliche Gemeinschaft lebt von Ritualen und Räumen, in denen sich die Botschaft von Frieden und Versöhnung je neu artikuliert, sei es in der Liturgie, dem Abendmahl oder der Verkündigung des Wortes Gottes. Aus diesen Quellen speist sich das Konzept des gerechten Friedens, von ihr erhält es seine Autorität ebenso wie seine gesellschaftsverändernde Dynamik. Dieses akteurszentrierte und prozessorientierte Verständnis des gerechten Friedens nimmt Menschen als Handelnde wahr und ernst. Sie sind aufgerufen, auf der Erde für diesen gerechten Frieden zu arbeiten und zugleich ist dieses Engagement – auch in einer unerlösten Welt – möglich.

4 Zur evangelische Friedenspraxis

Die evangelische Friedenspraxis ist zunächst und vor allem Friedensarbeit. Angesichts der aktuellen weltpolitischen Lage mit Krisen, Konflikten und Kriegen erscheint Friedensarbeit als Sisyphusarbeit. Die Akteurinnen und Akteure gelten bisweilen als Gutmenschen und Utopisten, deren Tun vergeblich zu sein scheint. Übersehen wird – weil kaum bekannt – dass Friedensarbeit durchaus weltweit Erfolge aufzuweisen hat. Der Politikwissenschaftler Markus Weingardt (2007, 2014) hat an vierzig Studien und Fallbeispielen, die von Argentinien und Albanien bis zu den Philippinen und Zimbabwe reichen, aufgezeigt, wie religiöse Akteure in Konflikten, Krisen und Kriegen erfolgreiche Friedensarbeit leisteten. Die Akteure der Friedensarbeit sind haupt-, neben- und ehrenamtlich aktiv. Sie arbeiten zum Beispiel weltweit im Zivilen Friedensdienst (ZFD) und als zumeist junge Frauen und Männer im Freiwilligen Friedensdienst (FFD) oder in lokalen und regionalen Friedensgruppen und -organisationen vor Ort. Sie handeln nach den Methoden der zivilen und gewaltfreien Konfliktbearbeitung, vermitteln zwischen Konfliktparteien mittels Mediation oder begleiten gefährdete Personen in Amtsgeschäften und Prozessen. Sie lehren gewaltfreie Aktionen, leisten Friedenserziehung und -bildung und üben ein, in Dialoge zu treten. Das Spektrum der

Friedens- und Versöhnungsarbeit ist vielgestaltig. Gemeinsam ist allen Akteuren, dass sie gewaltfrei handeln.

Gewaltfreies Handeln ist dabei nicht nur eine Frage der Methodik. Gewaltfreiheit wird verstanden als ein Lebensprinzip und eine Einstellung, die auf Gewalt und Bewaffnung verzichtet. Gewaltfreiheit ist eine Grundhaltung der Achtung vor dem Leben. Sie schließt die Überzeugung ein, dass nur gewaltfrei bearbeitete Konflikte Aussicht auf nachhaltige Klärung haben. Sie eröffnet Kraftquellen und gibt Orientierung, aktiv für Gerechtigkeit, Frieden und Bewahrung der Schöpfung einzutreten (vgl. dazu auch Frey 2008, S. 54ff.).

Einen Fall gewaltfreier Konfliktlösung auf dem Jerusalemer Tempelberg, den er hautnah selbst miterlebt hat, schildert der Friedensaktivist Reinhard Voß:

> „Nach einem Attentat führte der Weg zur Al-Aksa-Moschee durch Checkpoints mit Metalldetektoren und Lasern. Die Antwort waren diesmal keine Steine oder Waffen, sondern eine kollektive Verweigerung: nicht nur am Tempelberg, sondern im ganzen Land. Aufgerufen und angeleitet von verantwortlichen Imamen beteten die Leute auf öffentlichen Plätzen und Straßen, sogar auf der Via Dolorosa. Damit konnten die bewaffneten Soldaten erkennbar nicht umgehen. Durch die spürbare Entschlossenheit […] gewaltfrei zu bleiben, änderte sich auch die Atmosphäre: Plötzlich waren da palästinensische Familien mit ihren kleinen Kindern, Händler gaben Essen und Getränke gratis aus, und es wurde gefeiert – ganz ohne Zutun von irgendwelchen Politikern" (Voß 2017, S. 5).

Im Verständnis der EKD-Friedensdenkschrift von 2007 (Ziff. 80) des Friedens als eines gesellschaftlichen Prozesses abnehmender Gewalt und zunehmender Gerechtigkeit, leisten die Akteurinnen und Akteure in der Friedensarbeit einen qualifizierten Beitrag zur Minimierung von Gewalt und Maximierung von Gerechtigkeit. Organisiert ist die evangelische Friedensarbeit in der Konferenz für Friedensarbeit im Raum der EKD (KfF) und im Verein für Friedensarbeit im Raum der Kirche (VfF), welche konzeptionelle und administrative Aufgaben wahrnehmen. Repräsentiert wird sie durch den Friedensbeauftragten des Rates der EKD.[1] Zur evangelischen Friedenspraxis gehören selbstverständlich auch Reflexion und Diskurs grundsätzlicher und jeweils aktueller friedensethischer Themen und Probleme. Auf der EKD-Synode im November 2017 in Bonn wurde dem „Bericht über den Stand der friedensethischen Diskussion und laufende Projekte der EKD" und der entsprechenden Eingabe des Friedensbeauftragten entsprochen und für die Synode im Jahr 2019 das Schwerpunktthema „Frieden" beschlossen. In seiner Einbringung stellt der Friedensbeauftragte Renke Brahms die derzeit in den evangelischen Kirchen laufenden Projekte vor. Er versteht alle Aktivitäten und Prozesse in den evangelischen Landeskirchen und weiteren Institutionen, beispielsweise der evangelischen Akademien, zu einer Kirche des gerechten Friedens werden als einen Beitrag auf dem „Pilgerweg der Gerechtigkeit und des Friedens", wie er von der 10. Vollversammlung des Ökumenischen Rates der Kirchen in Busan/Südkorea im Jahr 2013 ausgerufen worden sei. Das Ziel der gesamten Aktivitäten und Prozesse solle eine Erklärung und Selbstverpflichtung der Synode sein, in welchem Sinne sich die EKD als Kirche des gerechten Friedens verstehe. Es gehe darum, das Leitbild des gerechten Friedens in der Vielfalt der Bezüge zu entfalten: als geistliche Praxis und theologische Rechenschaft, als ethische Orientierung, in seiner politischen Relevanz, in ökumenischer Weite und ausgerichtet auf kirchliche Erneuerung (vgl. Brahms 2017).

Fragt man nach dem Spannungsverhältnis von Frieden und Gerechtigkeit, ist in der friedensethischen Arbeit besonders zu

---

1 Einen Überblick bietet die Internetseite www.evangelische-friedensarbeit.de.

beachten, dass dieses nicht – wie allzuoft – von den Fragen nach Krieg und Frieden, nach den Konzepten des gerechten Krieges oder der rechtserhaltenden Gewalt marginalisiert wird. Eine Möglichkeit liegt darin, Frieden und Gerechtigkeit ebenso wie die Bewahrung der Schöpfung – die Themen des Konziliaren Prozesses – nicht immer sogleich tagespolitisch und aktuell zu diskutieren, sondern zunächst grundsätzlich theologisch. Dies bedeutet, etwa den Konziliaren Prozess in einem trinitätstheologischen Ansatz entsprechend der sozialen Trinitätslehren zu bedenken. Zentraler Gedanke dieses Ansatzes ist, die innertrinitarische Gemeinschaft Gottes als Modell für Gesellschaft und Kirche zu verstehen. Die drei Themen des Konziliaren Prozesses korrelieren dann mit den drei Artikeln des christlichen Glaubensbekenntnisses. Für die Dimension Gerechtigkeit heißt das:

„Im Zweiten Artikel des Christusbekenntnisses wird Gott als der gerechte Gott bekannt, der den sündigen Menschen „ohne des Gesetzes Werke, allein durch den Glauben" (Römer 3, 28) rechtfertigt. Dies geschieht durch die gläubige Teilhabe an der Geschichte des leidenden, sterbenden und auferstandenen Jesus Christus. Die im Konziliaren Prozess zuerst genannte Gerechtigkeit ist hier zu verorten. Gerechtigkeit bzw. gerechte Lebensverhältnisse auf dieser Welt sind möglich, weil der glaubende und durch Christus gerechtfertigte Mensch befähigt ist zum Verzicht auf Selbstrechtfertigung und Rache" (Scheffler 2017, S. 62).

Literatur

Aktionsgemeinschaft Dienst für den Frieden e. V. (Hrsg.). 2008. *Gewaltfrei streiten für einen gerechten Frieden. Plädoyer für zivile Konflikttransformation*. Oberursel: Publik-Forum.

Allan, Pierre. 2007. Der gerechte Friede in vergleichender Perspektive. In *Der gerechte Friede zwischen Pazifismus und gerechtem Krieg. Paradigmen der Friedensethik im Diskurs*, hrsg. von Jean-Daniel Strub und Stefan Grotefeld, 145-168. Stuttgart: Kohlhammer.

Brahms, Renke. 2017. Einbringung über den Stand der friedensethischen Diskussion und laufende Projekte der EKD. https://www.ekd.de/ekd_de/ds_doc/s17-11-1-bericht-stand-der-friedensethischen-diskussion-und-laufende-projekte-ekd.pdf. Zugegriffen: 11. Dezember 2017.

Brock, Lothar. 1995. Frieden. Überlegungen zur Theoriebildung. In *Den Frieden denken*, hrsg. von Dieter Senghaas, 317-340. Frankfurt a. M.: Suhrkamp.

Brock, Lothar. 2017. Frieden in Gerechtigkeit: zwischen realpolitischer Perspektive und Utopie. In *Handbuch Friedensethik*, hrsg. von Ines-Jacqueline Werkner und Klaus Ebeling, 729-739. Wiesbaden: Springer VS.

Collier, Paul, Lani Elliott, Håvard Hegre, Anke Hoeffler, Marta Reynal-Querol, Nicholas Sambanis. 2003. *Breaking the Conflict Trap. Civil War and Development Policy*. Washington: World Bank.

Die deutschen Bischöfe. 2000. *Gerechter Friede*. Bonn: Sekretariat der Deutschen Bischofskonferenz.

EKD. 1991. *Ökumenische Versammlung für Gerechtigkeit, Frieden und Bewahrung der Schöpfung. Dresden – Magdeburg – Dresden*. Hannover: Kirchenamt der EKD.

EKD. 2007. *Aus Gottes Frieden leben – für gerechten Frieden sorgen. Eine Denkschrift des Rates der Evangelischen Kirche in Deutschland*. 2. Aufl. Gütersloh: Gütersloher Verlagshaus.

EKD. 2013. *„Selig sind die Friedfertigen". Der Einsatz in Afghanistan: Aufgaben evangelischer Friedensethik*. Eine Stellungnahme der Kammer für Öffentliche Verantwortung der EKD. Hannover: Kirchenamt der EKD.

Frey, Ulrich. 2008. Gewaltfreiheit – Kern des gerechten Friedens / Gewaltfreiheit einüben. In *Gewaltfrei streiten für einen gerechten Frieden. Plädoyer für zivile Konflikttransformation*, hrsg. von Aktionsgemeinschaft Dienst für den Frieden e. V., 54-68. Oberursel: Publik-Forum.

Lohmann, Friedrich. 2017. Die friedensethische Bedeutung der Kategorie Gerechtigkeit. In *Handbuch Friedensethik*, hrsg. von Ines-Jacqueline Werkner und Klaus Ebeling, 151-173. Wiesbaden: VS Springer.
Justino, Patricia. 2006. On the Links between Violent Conflict and Chronic Poverty. How Much Do We Really Know? Brighton: Institute of Development Studies at the University of Sussex. http://www.chronicpoverty.org/uploads/publication_files/61Justino.pdf. Zugegriffen: 20.11.2017.
Reuter, Hans-Richard. 2007. Was ist ein gerechter Frieden? Die Sicht der christlichen Ethik. In *Der gerechte Friede zwischen Pazifismus und gerechtem Krieg. Paradigmen der Friedensethik im Diskurs*, hrsg. von Jean-Daniel Strub und Stefan Grotefeld, 175-190. Stuttgart: Kohlhammer.
Scheffler Horst. 2003. Die Ethik vom Gerechten Frieden und die Überwindung des Krieges. Der Gerechte Friede als das Ziel aller Politik. In *Soldat – Militär – Politik – Gesellschaft. Facetten militärbezogener sozialwissenschaftlicher Forschung,* hrsg. von Gerhard Kümmel und Sabine Collmer, 141-150. Baden-Baden: Nomos Verlagsgesellschaft.
Scheffler, Horst. 2017. „… Erneuerung der Kirche aus dem Geist des Gerechten Friedens" In „*How to become a Just Peace Church*", 61-62. epd-Dokumentation Nr. 4 vom 20. Januar 2017.
Strub, Jean-Daniel. 2010. *Der gerechte Friede. Spannungsfelder eines friedensethischen Leitbegriffs*. Stuttgart: Kohlhammer.
Voß, Reinhard. 2017. Mit EAPPI in Israel/Palästina: „Wir weigern uns, Feinde zu sein". *gewaltfrei konkret* 7 (3): 5.
Weingardt, Markus A. 2007. *Religion – Macht – Frieden. Das Friedenspotential von Religionen in politischen Gewaltkonflikten*. Stuttgart: Kohlhammer.
Weingardt, Markus A. 2014. *Was Frieden schafft. Religiöse Friedensarbeit – Akteure, Beispiele, Methoden*. Gütersloh: Gütersloher Verlagshaus.

Autorinnen und Autoren

Thorsten Bonacker, Dr. rer. pol. habil., Professor für Friedens- und Konfliktforschung an die Philipps-Universität Marburg

Matthias Dembinski, Dr. phil., Wissenschaftlicher Mitarbeiter an der Hessischen Stiftung Friedens-und Konfliktforschung (HSFK) in Frankfurt a. M.

Sarah Jäger, Dr. des. theol., Wissenschaftliche Mitarbeiterin an der Forschungsstätte der Evangelischen Studiengemeinschaft e.V. in Heidelberg

Roger Mielke, Dr. theol., Referent für Fragen Öffentlicher Verantwortung im Kirchenamt der Evangelischen Kirche in Deutschland und Geschäftsführer der Kammer für Öffentliche Verantwortung

Bernd Oberdorfer, Dr. theol. habil., Professor für Evangelische Theologie mit Schwerpunkt Systematische Theologie und theologische Gegenwartsfragen an der Universität Augsburg

Lorenzo Scornaienchi, Dr. theol. habil., Pfarrer der Chiesa evangelica di lingua italiana (Waldenser) Zürich und Privatdozent am Fachbereich Theologie der Friedrich-Alexander-Universität Erlangen

Horst Scheffler, Leitender Militärdekan a. D., 2007 bis 2017 ehrenamtlicher Vorsitzender der Aktionsgemeinschaft Dienst für den Frieden (AGDF)

The manufacturer's authorised representative in the EU is Springer Nature Customer Service Centre GmbH, Europaplatz 3, 69115 Heidelberg, Germany. If you have any concerns regarding our products, please contact ProductSafety@springernature.com

Printed and bound by CPI Group (UK) Ltd, Croydon, CR0 4YY

25/03/2026

02078214-0001